デジタルを一旦忘れると見えてくる

新しいDX

白木幹二

はじめに

今、我が国では「デジタルトランスフォーメーション（ＤＸ）」の嵐が吹き荒れています。２０１８年に経済産業省が「デジタルトランスフォーメーション（ＤＸ）を推進するためのガイドライン」を発表し警鐘を鳴らしたことを契機に広がり始めました。

経済産業省はＤＸを、「企業がビジネス環境の激しい変化に対応し、データとデジタル技術を活用して、顧客や社会のニーズを基に、製品やサービス、ビジネスモデルを変革するとともに、業務そのものや、組織、プロセス、企業文化・風土を変革し、競争上の優位性を確立すること」と定義しています。

２０２３年の現在に至って、ＤＸの勉強会などは地方にも広がり盛り上がりを見せていることが、筆者にも伝わって来ていますが、反面、「日本のＤＸは、遅れている。」「ＤＸプロジェクトもPoCから先に進んでいない」など、多くの困難な状況も同様に伝わってきています。

そうしたことの原因として、①経営層のＤＸへの理解不足、②社内全体のＤＸリテラシーが低い、などとリテラシーに関する批判が多くの場所で聞かれます。また、バブル崩壊後の90年代初頭から現在までの、「失われた30年」と呼ばれる「日本経済の停滞」と関連付けたコメントも数多く見られます。

筆者は、現在70才を越えています。某メガバンクのOBで、30年以上前に、当時の銀行における「第3次オンライン開発」に、業務企画の立場で経験しました。当時は、コンピュータというものが一般的ではなく、まだ「ソロバンと電卓」が主流の時代です。DXの遅れの原因として「経営層のDXへの理解不足」が取りざたされますが、筆者が初めてコンピュータに触れた時には「初心者」だったのですから、当然「理解」もしてはいませんでした。しかし、当時の経営者は、IBM社の最新機種のファースト・ユーザー（最初の利用者）になると言うリスクを取り、実働部隊だった筆者の仲間も精いっぱいの努力をして、プロジェクトを成功させることができました。

現代の経営者は、筆者の10年以上後輩の年代で、コンピュータが当たり前の時代に、最前線から、経営の立場に成長してきた皆さんです。筆者の現役時代、確かに、周囲の人たちには「デジタルやITは、できれば避けて通ろう。」という雰囲気もあったとは言え、皆さん、それぞれの専門分野では確固たる実績を積んでおられましたので、ちょっと、目先を変えるだけで、DXも必ず克服できるはずだと信じています。

DXは、デジタルトランスフォーメーションの略称と言うことで、マーケットでは「デジタル系・

ＩＴ系」のコンサルタントやベンダーの皆さんが、「売らんかな」の姿勢で、もの凄い勢いで「情報提供」「販売攻勢」を展開しておられます。また、経済産業省やそのＩＴ関連団体も「デジタル」という冠言葉で情報を発信しているので、あたかも「不連続的」に時代が変わったかの印象を受けます。しかし、この「デジタル」が溢れる状態に、その昔、業務企画の立場からデジタルに携わった経験からすると、ある種の「違和感」を覚えます。企業は、"Going Concern"（継続的な企業活動）であり、過去と未来は「連続」しています。デジタルやコンピュータも、２０１８年に急に飛び出して来たものではなく、けっして「不連続」ではないのです。この本は、「デジタルは苦手」と感じておられる後輩の皆さんに、『ＤＸは避けては通れない道だが、皆さんが頑張って来た「企業経営」の延長線上に存在しており、けっして恐れるものではない』ことをお伝えしたい思い、僭越とは知りながら思いつつ、筆を執ったことをはじめにお伝えしたいと思います。

デジタルに弱いと感じ、デジタルトランスフォーメーションに二の足を踏んでおられる方に加えて、デジタルトランスフォーメーションと取り組んではみたけど壁に突き当たっておられる方にも是非ご一読戴きたいと考えています。

なお、本書でご紹介している書籍やＷＥＢサイトの著者やその所属する企業・団体と、著者には取引関係などは一切存在していません。また、そこにある情報の利活用の結果についても、著者は一切の責任を負いませんので、ご了解願います。

目次

第1章

DX時代をどう生きる

1－1　DX時代を考える

◆DXっていったい何だろう？

最近よく聞くDXとはデジタルトランスフォーメーション（Digital Transformation）の略語です。「デジタル」とは、「コンピュータで扱えるカタチ」であり「トランスフォーメーション」とは「変化・変革」のことです。ロボットがその形を変化させるアニメ「トランスフォーマー」は皆さんご存じでしょう。「trans」はラテン語の「trans」が由来で、「変える」や「超える」といった意味を持ち、また「trans」は「cross」という言葉と同じ意味で「X」で表されるそうです。

では、「DX」とは一体、何を意味しているのでしょうか？　Wikipediaでは、以下の様に紹介されています。

> デジタルトランスフォーメーション（英：digital transformation、DX）とは、「情報技術の浸透が、人々の生活をあらゆる面でより良い方向に変化させる」という仮説である。2004年にスウェーデンのウメオ大学教授、エリック・ストルターマンが提唱したとされる。ビジネス用語としては定義・解釈が多義的ではあるものの、おおむね「企業がテクノロジー（IT）を利用して事業の業績や対象範囲を根底から変

化させる」というIT化といった意味合いで用いられる。

2007年に初代iPhoneが発売された後、スマートデバイスと通信網の普及は私たちにanytime、anywhereという経験したことのない情報社会変革をもたらしました。それらと並行してGAFAに代表されるITドリブンな巨大企業が市場でのプレゼンスを圧倒的なものとして、世界中の耳目を集めています。そんな社会情勢の中でITに秀でないと生き残れないと言うコンセンサスが醸成されました。それがDX（トランスフォーメーション）の背景です。

日本でDXが注目されるようになったきっかけは、経済産業省が2018年に「DXレポート（～ITシステム「2025年の崖」の克服とDXの本格的な展開～）」を発表したことが始まりでした。経産省がこの「DXレポート」の中で、日本社会に対しDXの必要性を訴えるとともに以下のような強い警鐘を鳴らした結果、大きな衝撃とともにDXへの認識が広まりました。

多くの経営者が、将来の成長、競争力強化のために、新たなデジタル技術を活用して新たなビジネス・モデルを創出・柔軟に改変するデジタルトランスフォーメーション（DX）の必要性について理解しているが・・・

・既存システムが、事業部門ごとに構築されて、全社横断的なデータ活用ができなかったり、過剰なカスタマイズがなされているなどにより、複雑化・ブラックボックス化

・経営者がＤＸを望んでも、データ活用のために上記のような既存システムの問題を解決し、そのためには業務自体の見直しも求められる中（＝経営改革そのもの）、現場サイドの抵抗も大きく、いかにこれを実行するかが課題となっている

⇒この課題を克服できない場合、ＤＸが実現できないのみでなく、２０２５年以降、最大12兆円／年（現在の約3倍）の経済損失が生じる可能性（２０２５年の崖）。

ＤＸ実現シナリオ

【ＤＸシナリオ】２０２５年までの間に、複雑化・ブラックボックス化した既存システムについて、廃棄や塩漬けにするもの等を仕分けしながら、必要なものについて刷新しつつ、ＤＸを実現することにより、２０３０年実質ＧＤＰ１３０兆円超の押上げを実現。

そこに加えて、２０１９年末以降新型コロナウィルスの感染拡大により、テレワークが日本でも広く求められることになり、出社せずとも仕事ができ、社内外の人たちとコミュニケーションできる仕組みが必要になりましたが、ここで日本社会におけるテレワーク環境が不十分であることが指

摘されました。また、政府によるコロナ対策政策の中心となった保健所や、国内の診療機関におけるコロナ患者の把握や対策実行において、我が国におけるＩＴが先進国の中において水準に至ってないと言う事実も再確認されました。その結果「デジタル庁」が創設されたのは皆さんもよくご存じだと思います。

経産省が「ＤＸレポート」の中で警鐘を発したもう一つのテーマが「レガシーシステム」です。それは、１９８０年代に多くの企業が導入した、メインフレームやそれを小型化したオフコン（オフィスコンピュータ）と呼ばれるコンピュータを使った日本企業の基幹システムのことですが、「ＤＸレポート」によるとその80％が古い技術のままで継承され、最新の技術の適用と技術革新が困難であるばかりか、非効率な保守コストが経営を圧迫していると指摘されています。

◆ＤＸと共に語られる「第４次産業革命」とは

世界ではこれまでに4度の産業革命が起きており、その始まりは18世紀後半と言われています。以下に、産業革命の歴史を振り返ってみましょう。

●第1次産業革命

第1次産業革命は18世紀後半のイギリスで起こりました。起きた変化の代表的な例は、紡績機と蒸気機関の革新です。当時のイギリスは植民地の綿花を綿織物に加工して海外へ輸出していましたが、紡績機により大量且つ効率的に綿織物が作れるようになりました。また、蒸気機関によって鉄道や蒸気船が開発され、イギリスは経済的・政治的に発展し大英帝国の基盤が築かれました。そして第1次産業革命の波は、ヨーロッパをはじめ世界へと広がりました。

●第2次産業革命

19世紀後半に起きた第2次産業革命においては、アメリカやドイツにおいて「高度な機械化」やエネルギー革新「石炭から電力・石油への移行」が達成され、自動車などの大量生産が可能になりました。また、アメリカのモールスが1838年に電気信号を使って電気通信に成功し、今日の「インターネット」の基盤となる電気通信技術の萌芽も第2次産業革命の産物です。

●第3次産業革命

第3次産業革命は、20世紀半ばから20世紀後半におけるコンピュータの登場による産業革命と言われます。また、産業用工作ロボットが生まれるなど、人間が行っていた単純作業が自動化されて産業構造における人間と機械の分業の在り方が大きく変化しました。また、インターネットの普及も第3次産業革命の一つと言われます。

●第4次産業革命

第4次産業革命とは第3次産業革命で登場したコンピュータおよびその関連技術は更なる発展を遂げ、IoT（モノのインターネット）やAI（人工知能）、ビッグデータ等の活用が可能になりその結果引き起こされた産業革命です。

インテル創業者の一人であるゴードン・ムーアが、1965年に「半導体の集積率は18か月で2倍になる」と唱え、後にムーアの法則と呼ばれるようになりましたが、コンピュータの登場以降、その処理能力は飛躍的に向上し、人類に時間・空間を飛び越えた新たな挑戦の基盤を作り出しました。IoTは、あらゆる「モノ」がインターネットに接続されることで、超高速でデータを集めることを可能とします。集めたデータは、ビッグデータとして複雑且つ詳細なデータ分析が可能となり、また、AIによりコンピュータ自身が学習をして、人間には不可能な高度な推論処理ができるようにもなります。これらに加え、5Gや6Gなどの通信技術や認識技術（センシング技術）の革新により、今までとは次元の異なる高度な情報処理を前提とした社会になると考えられています。

1－2　DX時代にやるべきこととは？

ここまで、「DXとはどうして起きてきたのか？」「DXと第4次産業革命におけるIoTやAIの発達」について勉強しました。では、各企業や団体などはDX時代においてどのような行動が求められているのか・・・について考えてみましょう。

経済産業省ではDXの意味として「企業がビジネス環境の激しい変化（1）に対応し、データとデジタル技術を活用（2）して、顧客や社会のニーズを基に（3）、製品やサービス、ビジネスモデルを変革する（4）とともに、業務そのものや、組織、プロセス、企業文化・風土を変革（5）し、競争上の優位性を確立すること」と定義しています。

短い文章ですが、重要なポイントがたくさん詰まっています。キーワードごとに見て行きましょう。

1．ビジネス環境の激しい変化

現代はビジネス環境が激しく変化する時代だと言われます。その要素は大きく2つ考えられます。

（1）情報伝達速度の著しい向上

インターネットやスマートフォンなどのデジタル技術が広く行き渡るようになり、あらゆる情報がひと昔前には信じられない速度で社会にまた国境も越えて広まるようになった。

（2）消費者ニーズの多様化

情報伝達速度の向上は消費者が選択できるモノ・コトに大きな広がりを与え、その結果消費者ニーズもひと昔前には信じられないほどの多様化を示すようになった。

その結果、ビジネスの在り方にも大きな変化が生じ、マーケットニーズの変化に素早く、幅広く対応できた企業と、できなかった企業の間に大きな差が生じるようになりました。

2．データとデジタル技術を活用

日本のＩＴ化は１９５０年代EDP（EleＣＴronic Data Processing）として、企業の経理や給与計算などの間接部門のバッチ処理を対象に始められました。１９５０年代の後半にはそれまで個別に行われていたコンピュータ処理を当時の電電公社のネットワークを介してオンラインで処理するようになり、１９６５年には当時の国鉄において前年に開通した東海道新幹線を含む座席予約システムが稼動し、大規模なオンラインリアルタイムシステム時代を迎え、銀行オンラインシステムなどに広がりました。１９９０年代になると、インターネットやＬＡＮ（Local Area Network）が普及しクライアント／サーバ（C／S）型システムが登場、システムのオープン化が始まったのもこの頃です。

（アマゾンがオンラインビジネスを開始したのも1994年でした。）

こうして、デジタル技術は時代と共に発展し、データの処理能力も飛躍的に向上しました。では、なぜ、このタイミングで改めて「データとデジタル技術を活用」なのでしょうか？

筆者の考えるところは、AI、IoT、ビッグデータなどの革新的なデジタル技術の萌芽により構造化データのみならず文書や音声・画像などの非構造化データも処理できるようになったからです。これによりSNSにおける投稿やドローンが集めた画像なども分析可能になるなど、これまで人間に頼っていた推論構築などをコンピュータが行うことで、大幅な量と質の改善が図られました。これまでの構造化データの分析では大きな差が生じなかったものが、この分析能力を有するか否かで大きな差が生じる時代に突入したのです。

3．顧客や社会のニーズを基に

この項目は上記2の延長線上になりますが、SNSの投稿などマーケットに存在する多くの非構造化データを含めた情報を新技術で分析しニーズを把握することと筆者は考えます。

4．製品やサービス、ビジネスモデルを変革

これはそのままですね。「顧客や社会のニーズを把握」した上で、素早くそのニーズに応える対応をすることです。

5．業務そのものや、組織、プロセス、企業文化・風土を変革し、競争上の優位性を確立する

上記4を効率よく迅速に行うには企業の構造そのものが柔軟である必要があります。では、企業の構造が柔軟とはどういう状態でしょうか。それは古いやり方や価値観（パラダイム）をさなぎが蝶になるように脱ぎ捨てて新しい環境に適応できる組織になると言うことです。

◆ＤＸにおいて混乱しやすい言葉遣い

経済産業省においても述べられていることなのですが、ＩＴ化（デジタル化）には、３つの段階があると指摘されています。それは、①デジタイゼーション、②デジタライザーション、③デジタルトランスフォーメーションです。

経済産業省の「ＤＸレポート２」には次の図が掲載されています。

一つひとつ見てみましょう。下から・・・

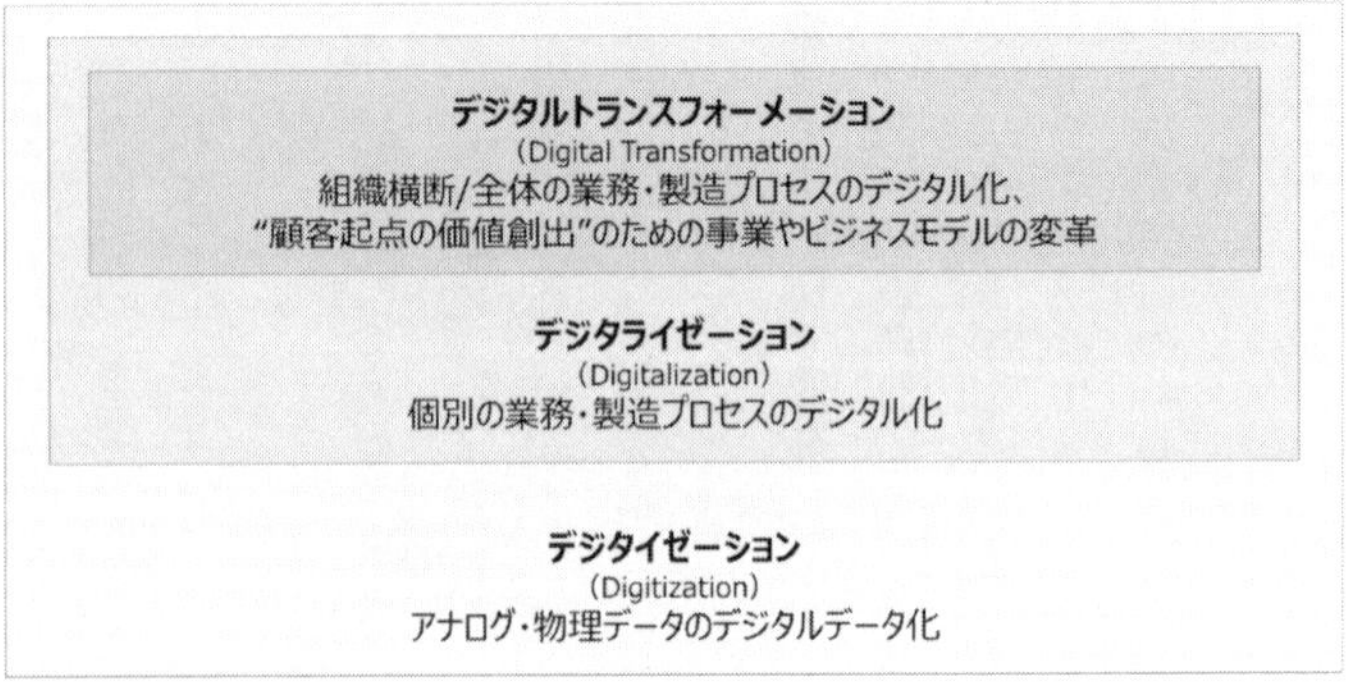

デジタルトランスフォーメーション
（Digital Transformation）
組織横断/全体の業務・製造プロセスのデジタル化、
“顧客起点の価値創出”のための事業やビジネスモデルの変革

デジタライゼーション
（Digitalization）
個別の業務・製造プロセスのデジタル化

デジタイゼーション
（Digitization）
アナログ・物理データのデジタルデータ化

１．デジタイゼーションとは

経済産業省の「ＤＸレポート２」では「アナログ・物理データのデジタルデータ化」と定義されています。

具体的には、それまで紙やＦＡＸなどで処理されていたアナログ情報をデジタル情報に変換してコンピュータで処理できるようにし、人手で処理するより早く・正確に処理することを目指します。Microsoft の Excel や Access などパーソナルなソフトを使ってデータ処理を行って来たイメージです。

２．デジタライザーションとは

デジタライゼーションは、経済産業省の「ＤＸレポート２」において「個別の業務・製造プロセスのデジタル化」と定義されています。デジタイゼーションより広く高度なデータ処理と業務の効率化を行います。１９６５年に東海道新幹線でリリースされた座席予約システムなどが代表的な事例でしょう。単にデータをデジタル化して利活用することから一段階上がって、広範な業務プロセスをデジタル化します。

3．デジタルトランスフォーメーションとは

デジタルトランスフォーメーションは、経済産業省の「ＤＸレポート2」において「組織横断／全体の業務・製造プロセスのデジタル化、〝顧客起点の価値創出〟のための事業やビジネスモデルの変革」と定義されています。

この定義を読んでいると「組織横断／全体の業務・製造プロセスのデジタル化」は、デジタライゼーションの範疇とも考えられます。それ以上に、「〝顧客起点の価値創出〟のための事業やビジネスモデルの変革」が重要でコンテンポラリーな理解だと思います。上に述べた、「1－2ＤＸ時代にやるべきこととは」を思い出してください。

ＤＸに関する書籍や情報を読んでいると、ここに示した3区分を厳密に分けて考え、デジタルトランスフォーメーションを「特別なもの」であるかのように書いているものが殆どなのですが、筆者の意見としては、この3つの「デジタル化」の区分は、ちょっと微視的すぎて却って理解を混乱させるような気がします。デジタルトランスフォーメーションはデジタイゼーションやデジタライザーションの延長線上にあり、デジタルの力を活用しようと言うシンプルな考え方です。

◆ＤＸの先進事例：コマツ

コマツは、１９９８年には「Komtrax」と呼ばれる機械稼働管理システムを開発し、２００１年からコマツが販売するすべての建設機械に標準搭載（＝IoT建機）しました。IoTで入手した機械稼働データをインターネットで収集し、遠隔での車両の監視・管理が可能となりコマツ・代理店・顧客がリアルタイムで共有・ＡＩ分析できる体制を作っています。最近では、旧型や他社製機械に装着可能なレトロフィットキットも発売を開始しました。

また、当初は建機以外の領域をカバーしていなかったのですが、IoT製品だけでは解決できない課題がたくさん見つかったことで、顧客の現場オペレーション全体に関わる課題も解決していこうという方向に変わり２０１５年に「スマートコンストラクション」がスタートしました。これは、測量、施工計画、施工および管理、検査などの現場のあらゆるプロセスをドローン、３Ｄなどのデジタル技術でつなぎ、安全性と生産性を上げることを目的としており、コマツが顧客のＤＸをも支援する形になりました。

如何でしょうか？　いきなり「ＤＸだ」と言われてもピンと来なかった方も多いと思いますが、このようにＩＴが如何に日本の社会に広がって来たかと言う歴史と技術の発展の歴史を紐解くと手がかりができたのではないでしょうか？

◆日本におけるＤＸの現状

我が国のＤＸは、どのような状況なのでしょう？ ネットや書籍では悲観的な情報が多くちょっと暗いムードに陥ります。では、詳しく見て行きましょう。

1．世界の中のランキング

直接ＤＸにフォーカスしたデータではありませんが、スイスの国際経営開発研究所（IMD）が２０２２年9月28日に発表した「世界デジタル競争力ランキング２０２２」では日本は63か国中の29位となり、昨年の28位から順位を一つ落とすとともに日本の最高位であった２０１８年の22位から7つ順位を落としています。このランキングは政府や企業がどれだけ積極的にデジタル技術を活用しているかを示しており、因みに、米国、シンガポール、スウェーデン、デンマーク、スイスが世界のトップ5でした。アジアで見ると、4位シンガポール、8位韓国、9位香港、11位台湾、17位中国となり、我が国の劣勢が読み取れます。

2．各方面による評価

（1）経済産業省

ＤＸレポート２（中間とりまとめ：２０２０年12月28日）では以下の様に評価しています。

DX推進指標の分析結果

●DXレポート発行から2年が経過した今般、DX推進指標の自己診断に取り組み、結果を提出した企業の中でも、95%の企業はDXにまったく取り組んでいないか、取り組み始めた段階であり、全社的な危機感の共有や意識改革のような段階に至っていない。

●先行企業と平均的な企業のDX推進状況は大きな差がある。

この本の執筆時（2023年）では、投資家等のインタビューワーに対して、経営者からDXへの言及が当時より大分増えている感触があるとのことです。

（2）マッキンゼー・アンド・カンパニー「【マッキンゼー緊急提言】デジタル革命の本質：日本のリーダーへの メッセージ」（2020年9月）では、下記のように報告されています。

日本企業のトップマネジメントは、その覚悟ができているのか。マッキンゼーが経営層に実施したデジタルおよびインダストリー4.0に関する調査では、日本の経営層はデジタルが「有望な一手」になるという認識は米国・ドイツと同様に高い共通認識を持っているが、「デジタル推進に十分な準備ができているか」

という質問に対しては米国・ドイツに比して大きな差があり、実に3人に2人の経営層は、十分な準備ができていないと感じている。実際、日本企業の経営層とお会いする中で、デジタルの取り組みを全く実施していない企業にはほとんど巡り合わない。ほぼすべての企業が何らかのデジタル施策に取り組んでいる。一方で、そのスケール本気度には大きな差があり、経営者が強い覚悟を持っていない企業が多数存在する。

(3) CDO Club Japan理事の水上 晃氏は、CDO Club Japan独自の調査(2019年4月)から以下の様に述べておられます。

その調査によれば、「デジタル改革が進まない理由」として最も回答が多かったのは、「経営者層の知識・理解不足」だった(図1)。それに「技術に対する知識を持った人材の不足」、そして「推進する能力のあるリーダー(CDO)の不在」が続く。

昨今、DXというキーワードは認知され始めており、多くの企業がなんらかのデジタルの取り組みに着手しつつある。しかしながら、経営トップを含めた全社的な理解がないままに進めるDX活動は、一過性の〝その場限りの活動〟になることは否めない。

DXは時限的なテクノロジー導入の活動ではない。デジタル時代に向けてビジネスモデルをリノベーションすることだ。より広く多くの企業がテクノロジーの変化によって起きる影響を適切に理解し、変化し続けられる企業になることを期待したい。

経営者の認識の他にＤＸを妨げるハードルとして、マッキンゼーのレポートでは、以下のように「社内のデジタル人材不足」「社長の年齢と在任期間」「外部の人材が活躍しにくい組織文化」の３点が挙げられています。（出典：株式会社ブレインパッド　DOORS編集部のブログ）

1．社内のデジタル人材不足とは、ＩＴ業務を外部のベンダーに依存してきたため、ＤＸを進められるようなデジタル分野に造詣の深い人材がいないことを示しています。ＤＸのためにデータサイエンティストやエンジニアを集めようにも、社内にはこうした人材がいないのです。

2．社長の年齢と在任期間とは、日本企業における社長の高齢化を示しています。日本の社長の平均年齢は２０２０年段階で59・9歳、内部昇進するＣＥＯの平均在任期間は5・1年にすぎません。そのためデジタルのことを全力で学び、強い覚悟を持ってＤＸを進めようと考えるＣＥＯが少なくなりがちです。

「デジタル改革が進まない理由」に対する回答（CDO Club Japan調べ）

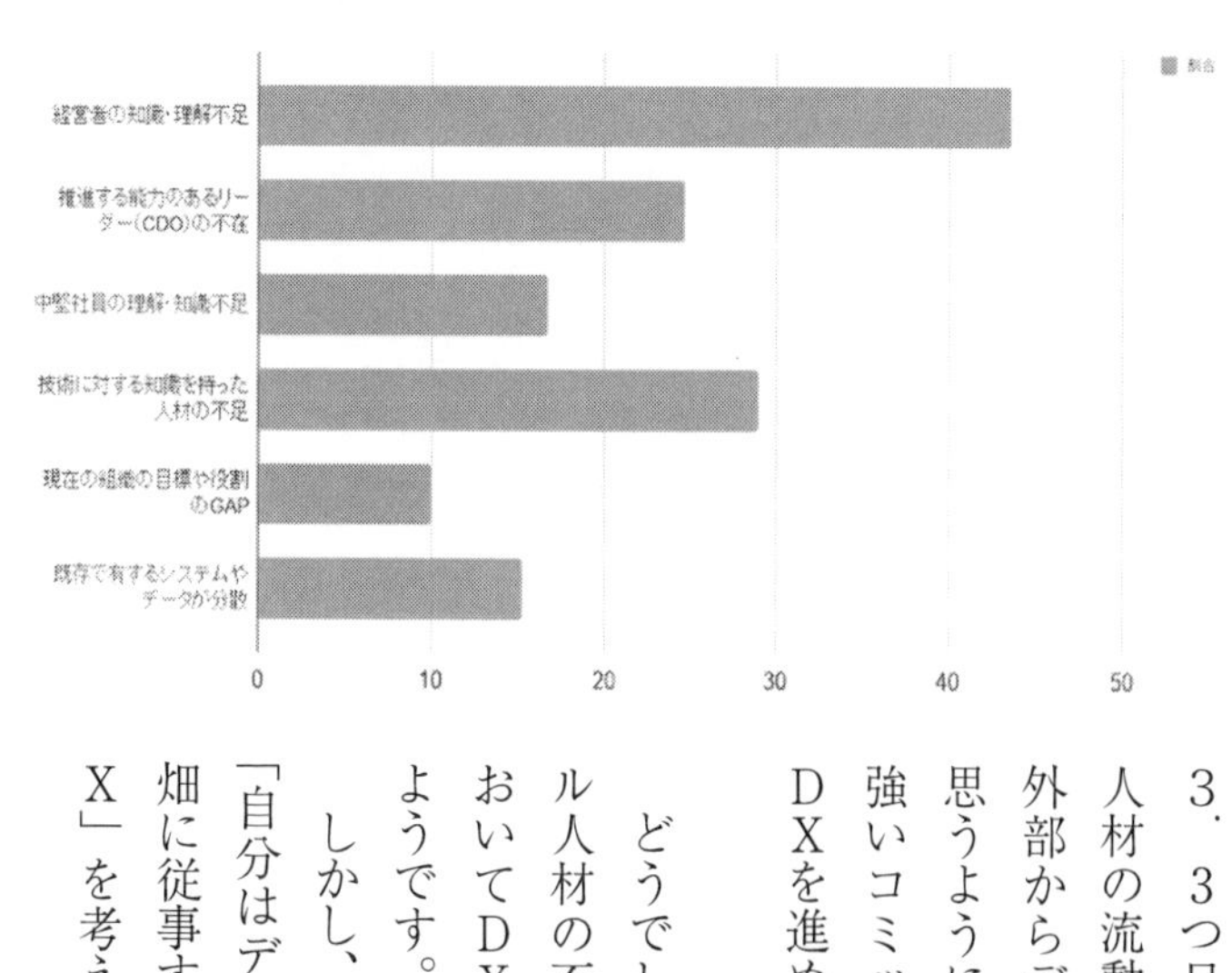

3．3つ目の外部の人材が活躍しにくい組織文化とは、未だに人材の流動性が低く、年功序列の傾向が企業に残っているため、外部からデジタル分野のエキスパートが採用されたとしても、思うようにＤＸを進められないということです。組織トップの強いコミットメントが無い限りは、外部のエキスパートだけでＤＸを進めようとしても限度があるのです。

どうでしょうか？　経営者の意識の低さ、在任期間、デジタル人材の不足、外部人材が活躍しにくい組織文化など、日本においてＤＸの障壁となっているのは「社会的・文化的」課題のようです。

しかし、そう言っていても何の解決にも至りません。本書では、「自分はデジタルの人間ではない。」と思っている一般的な業務畑に従事する皆さん（経営層の方も含めて）と、業務面から「ＤＸ」を考えて行きたいと思います。

著者が触れた多くのデジタルトランスフォーメーション指導書などでは、いきなり「デジタル」から説き始めて「今までのデジタルでは足りない」とか「デジタルでビジネスモデルを革新する」とか「IoT、AI、ビッグデータなどを活用する」などと展開しているため、「デジタルとかITとか、ちょっと苦手だな」と感じている方々には、ハードルが上がってしまっているのではないでしょうか。デジタルトランスフォーメーションは、健康診断と似ていると感じます。それは、最近ではMRIやCT、極小・高解像度カメラと言った先進の医療機器を使うことが一般的になりましたが、伝統的な血液検査やレントゲン写真などの伝統的な手法も健在です。デジタルトランスフォーメーションは先進デジタルを活用してこれまで以上に詳細な企業の健康診断を行い、デジタルの力で企業をもっと健康に(強く)しましょうと言っているのです。従って、「さぁ、デジタルトランスフォーメーションやるぞ」と言って、取り敢えず専門部署を作りコンサルタントを雇って、いきなり走り出すものではないと著者は考えます。勿論、ぐずぐずとムダに時間を浪費することは避けるべきですが、「急がば回れ」の格言通り、拙速ではなく十分な事前調査としっかり検討された計画の下に実行するべきです。

本書が、皆さんのデジタルトランスフォーメーションへの取り組みに際しての、参考となれば幸いです。

第2章

「業務畑」人材とDX

2-1　DX時代に「業務畑」の人材に求められるものとは？

さて、「デジタルトランスフォーメーション」が広まる中、兎角、このテーマについてはデジタル（又はIT）の専門家からは、デジタルを切り口として語られることが多いのですが、多くの人がそうである「業務（畑）」から語られることが殆ど無いため、筆者は、「業務畑」、つまり「IT部門ではない一般業務部門の人々」の観点から進める手掛かりを探そうと考えました。「自分はITの経験は無いのだが」と仰る経営層の方々にも読んで戴ければと思います。

前の章でお話ししたように、今の世の中ではDXが注目され、「デジタル」と言う言葉が飛び交っています。「デジタル」に関する解説も書籍やネットにあふれています。そして、「デジタル音痴」とか「ITリテラシーが低い」などの表現が日本企業への指摘としていろいろな場所で繰り返されていますが、70歳を越える筆者が30年以上前に初めてシステム開発を経験した時代には「コンピュータ」とか「IT」などと言う言葉すら、まだまだ世間に広まってはおらず、見るもの、聞くもの、触るものすべてにまったく事前知識はなく、正に手探りでシステム開発に携わりました。今、考えれば「よく、できたな。」と思います。当時のことを考えれば、コンピュータに囲まれて育った現代の皆さんにできないはずはないと確信します。ただ、海外の先進的なデジタル企業に後れをとっていることは事実かも知れませんが、近道がある訳ではないので地道に進めるしかありません。

業務畑の人材に最も求められる「素養」とは、当たり前ですが、まずは「業務知識」です。筆者が30年前に頼れたのはこの「業務知識」でした。筆者が担当した銀行の外為業務はそれまで、殆どの工程が手作業で処理されており、また、当局の外為管理も厳しく「外為法」は複雑で、必死で業務プロセス や外為管理法を覚えさせせられてものでしたが、その知識が役に立ちました。そして、壁となったのが、業務をどのようにコンピュータに実行させるかを考え、業務のソフトウェア設計を行い、如何にエンジニアに機能を正しく伝えるのか・・・と言う点でした。この点は、前例があった訳ではなかったので、必死にどうしたら目的を果たせるのか必死に悩みましたし、考えました。40年前では、現代のような手引書は殆どありませんし、論理思考でよく言われる「MECE」などという 言葉も後に学び、「なるほど、こういうことか」と感心しました。現代の皆さんも、業務知識が十分にあれば、知恵と工夫とデジタルの相棒探し（これが大事）で乗り切れると思います。

さて、業務知識ですが・・・言うまでもなく、業務は組織全体が分業して受け持っています。昔より分業化が進み「業務全体」を見渡せる人材が少なくなっているとは、よく言われることですが・・・。

業務からデジタルトランスフォーメーションを考えるに際して重要なことは「三つの眼」です。
三つの眼とは、一般的に次のように言われます。

1. 鳥の眼
高いところから全体を見る眼、マクロの眼です。企業活動で言えば「経営視点」になります。

2. 虫の眼
近づいて物事を見る眼、ミクロの眼です。企業活動で言えば「業務プロセスの視点」です。

3. 魚の眼
水の流れの如く変化する物事の流れつまり変化を感じ取る眼です。市場や顧客ニーズの変化、技術革新など、時代と共に移り変わるものへの視点です。

まずは、「鳥の眼」経営視点から考えて行きましょう。現時点での業務活動を再確認するために、従来のビジネスモデルを検証します。企業としての「調達構造」、「付加価値の生成過程」、「顧客への提供価値」と言ったバリューチェーンの主活動構造に加えて、人事・総務・経理・ITなどの支援活動の効率性も検証します。ビジネスモデルキャンバスなどのフレームワークを使って行うのが一般的でしょう。加えて、ファイブフォース分析やSWOT分析によりマーケットにおける自社の競争力の検証や、できれば業界他社や先進企業とのベンチマーク調査も行いましょう。伝統的な財務分析も当然ながら重要なチェック項目です。

鳥の眼に加えられる重要なポイントとして「顧客視点」があります。当社の顧客は当社の製品・サービスの「何を」気に入って対価を支払ってくださるのかです。

次に、「虫の眼」業務プロセスの視点ですが、業務畑にとってはこの視点をしっかり押さえることが重要です。鳥の眼で検証した業務モデルを実行し、具体化しているのが「業務プロセス」です。皆さんの職場では各組織や各担当者の業務プロセス・手順や業務ルールなどは全社的に「明確に定義」されているでしょうか。また、効率性は平素から検証されムダ・ムリ・ムラは常に排除されているでしょうか。隠れた問題は存在していないでしょうか。生産性は確保されているでしょうか。ＩＴは有効に活用されているでしょうか。業務畑の担当者はこうしたテーマにつき検証し、業務の実態を把握する必要があります。

虫の眼にも加えるべき重要なポイントがあります。それは「従業員視点」です。従業員満足度と言うとちょっと違う気がするのですが、一言で言うと、顧客に価値を提供するに際して従業員は「自信・張り合い」を持っているかというポイントです。

最後の「魚の眼」は、鳥の眼・虫の眼とちょっと違って「時代の流れ」を検証するものです。自社が提供する製品・サービスのマーケットの「過去・現在・未来」、使用する技術（製造、販売、ITなど）の先進性、競合との比較などをチェックします。業務畑担当者の立場としては、鳥の眼で検証したものより詳しく、各業務部門における個別のテーマごとに把握しておくことが必要でしょう。

さて、皆さんの職場ではこうした「鳥の眼」経営視点データは十分且つ効率的に把握され、社内のKPI（Key Performance Indicator）「重要業績評価指標」として適切に反映されているでしょうか。また、社内に周知・徹底する施策は実行されているでしょうか。また、「虫の眼」ビジネスプロセスも常にアップデートされ、社員一人ひとりが自分の業務をしっかり認識しているでしょうか。

もし、できていないと考えられるのであれば「デジタルトランスフォーメーション」として闇雲にプロジェクトに着手するのは時期尚早だと筆者は考えます。デジタルトランスフォーメーションは、デジタルの力を全社的に展開し、経営に高い効率性を求める長期的なものだからです。

これまで、「業務畑」に求められるものについてまとめてみました。デジタルとかITとかは出て来ませんでした。しかし、デジタルからは離れた目線での「ＤＸ推進に必要な知識」が、非常に広い領域にまたがっていることをご理解戴けたと思います。皆さんは、どこまでカバーできますか。勿論、一人でできるはずもありません。

経営層の方には、「取り敢えず、ＤＸチームを立ち上げよう」と言う発想から脱却して戴きたいです。これは「取り敢えず、外部からＤＸ要員を採用しよう」と言う　発想も同様です。日本企業のＤＸへの取り組みでよく目にする批判的論調として、経営者が「デジタル・ＩＴはよく分からない。と言って、取り敢えずチームを立ち上げて丸投げする」と言う　ものがあります。しかし、ＤＸにまず必要なことは上にまとめた「自社を点検・再認識する」ことなのです。従って、「業務畑」出身の経営層や、担当者でも、理解し、実行できなければいけないポイントですので、まず、ここから着手してください。

もう少し、これまで会社の経営を引っ張って来られた「業務畑」の皆さんにデジタルトランスフォーメーションのイメージを広げて戴くためにアマゾンについて考えてみたいと思います。

今や、時代の寵児となったアマゾンですが、１９９４年にその前身であるカタブラドットコム

（Cadabra.com）として設立されました。（創業から約4ヶ月後にAmazon.comに変更）。創業者のジェフ・ベゾスは、それまで勤めていた資産運用会社でインターネットについて調査する機会があり、そこでインターネットの爆発的な成長力に気づき、自ら「書籍のネット通販ビジネス」を自宅ガレージで立ち上げたのです。今から、ほんの30年前の話しです。

そのカギとなったのが「Eコマース」と言うビジネスモデルです。当然、設立当初から彼はシステム・オリエンテッドな考えの下に起業したのです。彼のバックグランドについて〝ネットショップ担当者フォーラム〟のサイト（https://netshop.impress.co.jp/node/6126）に興味深いエピソードが見つかりました。

ディーリングシステムは、蓄積した過去データ、リアルタイムで収集した取引データなどをもとに、リスク管理を行いながら自動売買が行えるようになっている。投資家などは、ディーリングシステムに集まったデータから、市場を理解しようとする。ジェフ・ベゾス氏はその発想をEコマースに持ち込んだ。製品知識ではなく、システム上で蓄積される消費者の行動データに注目した。つまりビジターの行動データを蓄積、リアルタイムで分析することで消費者を理解し、販売に役立てようとした。（Derek Adelman氏）

ベソス氏は、資産運用の世界でシステムによる高度な分析を経験し、その発想でEコマースに挑戦したBorn Digitalだったのです。当然、アマゾンではこうしたデジタルに長けた技術者が多く採用され、今日の比類稀なるデジタル・オリエンテッドな企業ができたのです。

では、同じ時期の日本はどうだったのでしょう。

日経クロステック/日経コンピュータ2022年10月27日号で、木村岳史氏は以下の様に伝えています。

日本にとって不運だったのは、失った30年が産業革命に匹敵するといわれるデジタル革命の勃興とぴったり重なってしまったことだ。以前にも指摘した通り、デジタル革命は1995年ごろのインターネットの爆発的普及が起点だ。

失った30年、つまり政治、行政、企業が不作為を続けた30年によって、日本はデジタル革命にも完全に乗り遅れてしまった。その結果、2001年に政府が公表したe-Japan戦略で予言された「(米欧などとの)取り返しのつかない競争力格差」を目の当たりにすることになった訳だ。

「失われた30年」と言われる1990年代から2020年にかけて、海外では欧米や中国を含めデジタル投資が進み、日本は不況と低位安定志向の結果、デジタル投資が殆ど進まなかったのです。
デジタル投資が進まなかったことは、他にも大きな禍根を残しました。それは、日本企業におけるデジタル・マインドの不拡散です。筆者は、40年前に大きなシステム開発を経験しましたが、当時の経営者はシステムやデジタルについて前向きでした。しかし、その後の日本企業においてシステム技術は一部の人の特殊な能力として扱われ多くの人は避けて通っていたのです。その結果、組織のデジタル力は失われました。

このことは、日本企業のシステム開発形態にも大きなマイナス効果を生みました。それは、ベンダー丸投げ体質です。本来、システム開発は業務担当部門が機能要件を設計して開発するべきものです。しかし、この本来業務担当部門が果たすべき機能要件設計もベンダーに任せるようになってしまいました。これは、大きな痛手です。筆者が本書で訴えたいことの一つは、業務部門は、これからデジタル力（コンピュータに直接関連するものばかりではありません）を身につけて、自分たちが使うシステムを自ら設計して欲しいと言うことなのです。業務部門がデジタル・センスを獲得することでデジタルトランスフォーメーションも大きな推進力を得られます。

では次章以降でどのようにすればデジタル力を伸ばせるのか考え行きましょう。

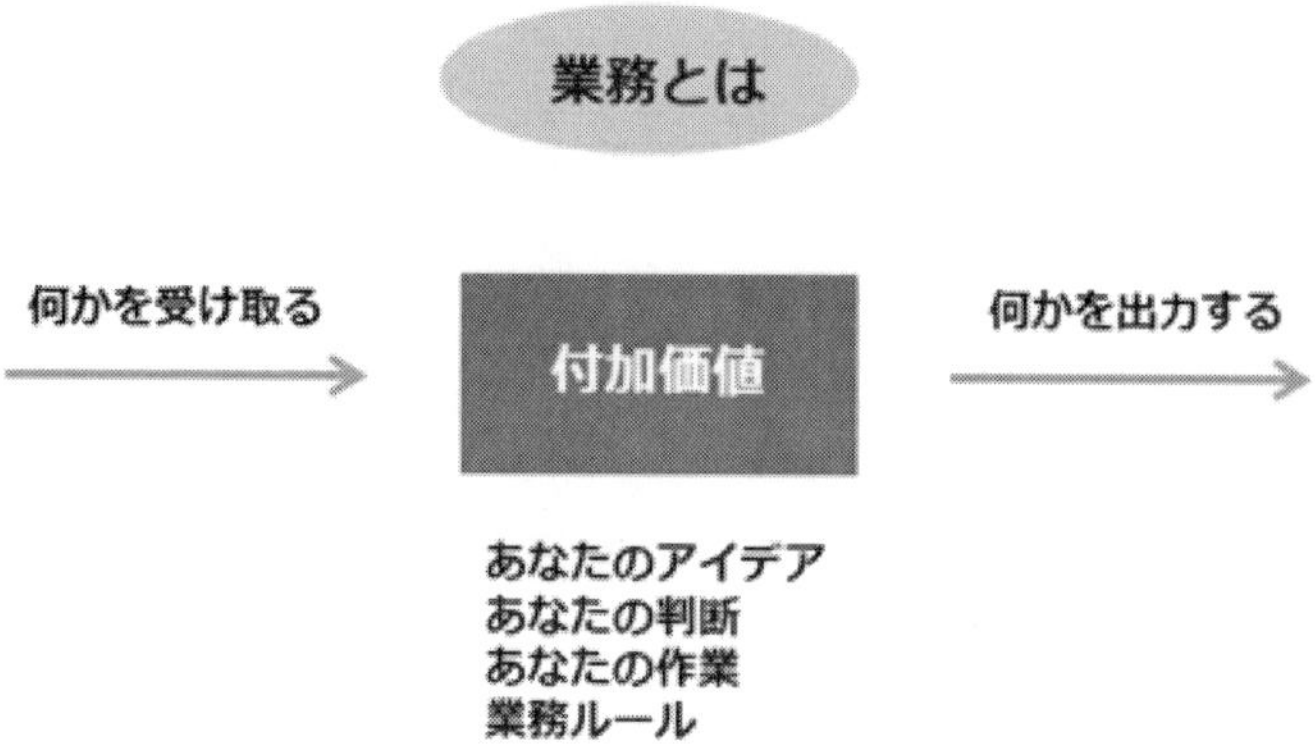

業務とは

何かを受け取る → 付加価値 → 何かを出力する

あなたのアイデア
あなたの判断
あなたの作業
業務ルール

2－2「業務畑」人材のデジタル力を考える

「デジタル力」とは、どのようなものでしょうか。また、業務畑の人材にとっての「デジタル力」とはどのようなものなのか考えてみましょう。

業務畑の人材に最も求められる「素養」とは、まずは「業務知識」だと前に述べました。では「業務」とは何でしょうか。上の図を見てください。

すべての「業務」は、この図の通り、以下の3ステップから成り立っています。

＜第1ステップ＞

まず、何かを受け取る。（INPUT）

＜第2ステップ＞

あなたの、アイデア・判断・作業、業務ルールなどに従っ

て付加価値を加える。（PROCESS）

＜第3ステップ＞

どこかへ、誰かへ結果を出力する。（OUTPUT）

●会社（製造業）のケースでみると、

＜INPUT＞顧客から注文を受ける。

＜PROCESS＞製品を製造する。

＜OUTPUT＞顧客に届ける。

●個人による製造のケースをみると、

＜INPUT＞設計図を受け取る。

＜PROCESS＞製品を製造する。

＜OUTPUT＞倉庫に届ける。

以上のようになりますね。

「業務」は、3つのステップから成り立っており、中心は付加価値を加える第2ステップ（PROCESS）

になります。皆さんの、毎日の業務を思い起こしてください。皆さん、それぞれの知識、判断力、技術、行動を通して、受け取ったものに価値を加えて次のステップに渡していますし、「私は、ＩＴやデジタルは苦手」と仰っている方も、毎日の業務は結構複雑なものをこなしていらっしゃいます。それが、「業務知識」の発現です。

では「デジタル力」とは何でしょうか？
コンピュータを使ったデジタルの世界でも、業務の構造は同じで、次のようになります。
<INPUT>データが入力される。
<PROCESS>データが集計・演算・判断される。
<OUTPUT>結果が出力される。

●経営者の方でしたら、
<INPUT>会社のどのデータを入力として。
<PROCESS>入力データから、目的に沿って集計・演算された経営データを獲得し。
<OUTPUT>結果から、経営判断する。

●マーケティングの方でしたら、
<INPUT>市場のどのデータを入力として。
<PROCESS>入力データから、ロジカルに集計・演算されたマーケットデータを獲得し。
<OUTPUT>結果を、商品開発に生かす。

如何でしょうか。「デジタル力」に、ＩＴやコンピュータの知識は一義的には不要であることをご理解戴けたでしょうか。デジタル力の基礎は、「何から何を創造的に獲得するのか」と言うことを定義する、業務定義能力の発現に他なりません。「プログラミングや、パソコン操作などの複雑さから来る面倒臭い印象」や「分かりにくい3文字英単語」などのせいで、これまでデジタルやＩＴの世界を避けて来られたのではないでしょうか。

しかしながら、筆者の経験では、業務畑の方々の業務知識にかなりの「曖昧さ」が潜んでいることが多かったのですが、デジタルの世界では「曖昧さ」は許されません。ロジカルに「ゼロか1」や「Yes か No」と言い切る必要があるのです。「曖昧さを排除する」のはアナログ発想からデジタル発想に進化することに通じるのですが、同時にかなりの時間や知力を必要として大変なことなのです。この点が、「業務畑」の多くの方々がデジタルを避けていた「隠れた原因」ではないかと筆者は推測しています。特に経営層の方は、組織の上層に行くほど業務の「抽象度」が上がるので大変だと思いますが、現代における経営とはひと昔前とは大きく変わっているのだとご理解ください。

以上から考えられる「業務畑」人間のデジタル力とは、次のように言えると思います。

1．業務をしっかり設計・構築できること。
2．曖昧さを排除して、論理的であること。

さて、とは言うもののコンピュータ（例えば、パソコン）をある程度使えるに越したことはありません。

ここで、近年業績進展が著しい株式会社 ワークマンの「エクセル経営」をご紹介します。

ワークマンでは2012年から全社員を対象として「エクセル研修」を実施しています。それ以前のワークマンでは決算書の財務データは有ったものの、店舗の製品の流れ（仕入数、販売数、在庫数など）に関する数量データがまったく無く、また、上司の経験値が絶対で、〝勘〟中心の社風だったそうです。2012年に就任した土屋CIOの下で「データに基づく経営」の方針が出され、ワークマンは大きくデータ・ドリブン経営へと舵を切りました。しかし、当初はＡＩやデータ・サイエンティストなどは採用せず、社員一人一人が自分でエクセルを勉強してデータ分析を行う「草の根分析」を追求したのです。そして、経営者から第一線の社員までが「データに基づく経営判断」の仕組みを作り上げて今日の業績進展に結び付けました。（因みに、現在ではエクセルでのデータ分析の限界を越えるためにＡＩが導入されています）

活動については、「ワークマン式「しない経営」土屋哲雄著 ダイヤモンド社」を、また、同社でのエクセル技術のレベルについては「売り上げ2・6倍で業績過去最高！ ワークマン式エクセル土屋哲雄著 日経ＢＰ社」として「教本」が出版されています。内容は驚くほど初心者レベルで基本操作に始まり関数などについて少しずつレベルアップしています。是非、参考にしてください。

ワークマンの事例に触れることでデジタルも皆さんの身近になるのではと期待しています。

1. 経営におけるデジタル力

飛行機のパイロット席のダッシュボードには数多くの計器が並んでいます。パイロットは時々刻々と変化する天気などの外部情報、エンジンの回転数などの内部情報を常に監視しつつ安全な飛行を行います。つまり、飛行機の運航において必要な「判断基準となるデータ」は、ダッシュボードに集約されているのです。ダッシュボードは飛行機の運航にはどのような情報が必要か事前に定義され、計器として設計されてダッシュボードに並んでいます。そこに表示されるデータは、もともと空気が流れる速度であったり、気圧であったり、エンジンの温度であったり基本的にはアナログなものが、測定器で計測され、その値が演算処理されてデジタルで計器に送られ表示されています。

さて、皆さんの会社においては、経営判断に必要とされる情報は定義され、タイムリーに提供される態勢が取れているでしょうか。現代では、会社の状況をできるだけリアルタイムで、必要な情報を十分な精度と詳しさで収集し判断する必要があります。

よくあるパターンは、営業、マーケティング、工場などの各事業部で作成したエクセルで経営企画部に報告され、経営企画部で経営会議用の資料として集計・加工すると言ったものではないでしょうか。しかし、同時に耳にする問題は、①フォーマットが統一されていない、②計数算出基準（例えば、売上見込みの算出基準など）が「課」によって異なる、③現場および経営企画部の集計担当者の体力・時間が大きな負担となる、④臨時に欲しいデータを抽出するのに思わぬ時間や体力がかかる、⑤そもそも、出力できないデータが多いなど、皆さんも経験をお持ちではないでしょうか。

こうした状況はパイロットのコックピットに必要な情報・データがタイムリーに提供されておらず、且つ、報告作成という生産性の低い作業に社員の体力・時間（＝コスト）を掛けていることになります。

重要なポイントは、以下のように言えるでしょう。

（1）いろいろな計数管理のための諸情報が「データ」としてコンピュータで管理されていること、および、そうしたデータが求める形式で迅速に、人手をかけずに抽出できる基盤ができていること。

（2）経営者、あるいは部門の管理者などが自社の経営管理のために必要とする情報・データを計算式なども含めて「定義」できていること。

（3）経営判断が、勘や経験に囚われず、データに基づいて行われること。

従って、「経営におけるデジタル力」とは「コンピュータで集計できる力」「管理する計数を、曖昧さを排除して定義する力」「そうした経営データを使いこなす力」と言えます。

このような経営を最近では「データ・ドリブン経営」と呼んでおり、「KPI（重要業績評価指標）による経営管理」が当たり前のように耳に入って来ます。KPI経営はじめとする近代的な経営を行うためには経営データをリアルタイムで収集・蓄積し、タイムリーに活用できる基盤が不可欠です。

通常、業務データには、業務システムに蓄積された「ビッグデータ」と、各事業部等で個別に管理されている「スモールデータ」があります。経営判断に必要なデータを集積する上で前者・後者揃って蓄積・統合できれば理想です。

経営者の皆さん、あるいは経営企画の担当者の皆さんには、是非、自社の経営管理データの取り扱いにおける効率性・スピード感について検証し、対応して戴きたいと思います。

2. 業務現場におけるデジタル力

次に業務畑の皆さんが毎日実行している「業務現場におけるデジタル力」についてですが、この章のはじめに業務とはすべて以下の3ステップ構造からできているとお話ししました。

＜第1ステップ＞何かを受け取る。
＜第2ステップ＞アイデア・判断・作業、業務ルールなどに従って付加価値を加える。
＜第3ステップ＞誰かへ結果を出力する。

この3ステップの工程を「業務プロセス」と呼びます。（しかし、広くは英語で「ビジネスプロセス」と呼ばれることが一般的です。）

業務プロセスに「時間」と「コスト」の概念を入れると「生産性」が導かれます。つまりビジネスプロセスを考えることは生産性を考えることであり、デジタルトランスフォーメーションとは、デジタルの力を利用してこの生産性を如何に最大化させるかが命題なのです。

では、業務畑の「デジタル力」の源泉はどこにあるのでしょうか。それは、日々実行している日常の業務プロセスを再定義して①自分の仕事、②係の仕事、③課の仕事、④部の仕事などについて、上に述べた3ステップを明らかにして、最少体力・最短時間でその業務を果たす方法・手順を見出すことです。別の言い方をすると「業務プロセス設計力」になります。

かなり昔の話しではありますが、ある資産運用会社では外国株式の運用を始めました。外国株式の運用においては、リバランス（資産内容の入れ替え）に伴う取り扱い件数（数十口座×数百銘柄）が飛躍的に多くなりました。しかし、海外の証券会社から送られてくるコンファメーション（取引内容確認書）はＦＡＸでした。ＦＡＸで受け取った個別取引情報から、運用部門（フロントオフィス事務方）は取引ごとの為替予約金額（個別＋累積）をエクセルで計算し信託銀行との為替予約を行い、記帳部門（バックオフィス）では、資産管理システムの入力伝票を起こし、1枚1枚手入力でキーボードを叩いていました。その結果、フロントオフィスでは為替取引における金額相違などのミスに起因する大きなリスクが想定され、バックオフィスではシステムへの入力に数日を要し各口座の残高や明細が翌日中に把握できない状況が起きていました。

事務企画担当者は、この事象に含まれる問題について以下のように分析しました。

1．フロントオフィスでは、ＦＡＸで送られてくる取引個別明細（数百件）をエクセルに手で入力しているため、

（1）入力ミスが発生するリスクが高い。
（2）集計ミスが発生するリスクが高い。
（3）計算結果について、十分な確認を行うことが困難でリスクが高い。
（4）取引実施の翌日（ＦＡＸ到着日）は、担当者が1日掛かりきりになる。

2．バックオフィスでは、ＦＡＸで送られてくる取引個別明細（数百件）（コンファメーションと言う）から、手作業で資産管理システムに入力しているため、

（1）間違い伝票を起こすリスクがある。

（２）取引実施の翌日（ＦＡＸ到着日）は、手入力するために長時間かかり、何人もが掛かりきりになる上、入力ミスのリスクがある。
（３）取引実施の翌日以降（ＦＡＸ到着日）は、資産管理システムに入力するために10日以上掛かり資産管理システムで残高の把握がすぐにできない。

３．根本的課題として「証券会社から送られてくる取引個別明細がＦＡＸ経由」であり、データ化されていないため、当社内で多くの手作業が発生と大幅な業務の遅れが発生している。

そこで、事務企画担当者は海外の証券会社から送られてくるＦＡＸのコンファメーションをデータ化できないか調査しました。調査の結果幸運にも、当時としては最先端の国際証券ネットワークが日本で営業を始めたという情報に接しました。そこで、取引先の外国証券会社に交渉したところ、各社とも当該ネットワークへの対応が可能だと言うことが確認され、以下のようにこの業務をシステム化することにしました。

対策１
ＦＡＸで受領しているコンファメーションを、ネットワークを経由してデジタルデータで受領する。しかし、取引の正当性確認資料はあくまでＦＡＸであるため、バックオフィスにてネットワークで受領したデータをＦＡＸの内容と突合する。

対策２

電信データの正当性が確認されたならば、受信システムで為替取引明細および集計表を演算しフロントオフィスに提供する。演算方法はフロントオフィスの指示に従う。

対策３

デジタルデータの正当性が確認されたならば、受信システムで資産管理システムへの入力データを作成し、フロッピーディスクによる自動記帳を実現する。

この事例の担当者は業務畑の人物でしたが、ネットワーク会社との折衝や、自動記帳のためのデータ作成、為替計算ロジック・帳票設計などの「要件定義」を行い、ソフト開発会社に開発依頼しました。そして、ＩＴ部門はパソコンやネットワークの設置を行うという共同作業でこの業務改革を実現しました。

如何でしょうか。デジタルとかＩＴが苦手と仰る方は、デジタル技術を用いての業務改革を考える前に諦めてはいないでしょうか。上の事例でこの担当者が考えたことは、①ＦＡＸをデータ化すること、②為替計算を自動化すること、③バックオフィスの手入力を自動記帳することの3点で、一番重要なことは「データ化」です。データ化さえ終われば、後は「どんなデータを受け取って」「どう演算して」「何を出力するか」の基本に戻ればいいのです。ここで言う「演算」とは、四則つまり算数や中学の数学程度の数式で表現できるレベルですし、自分で解決できなければＩＴ部門の支援を依頼すれば殆どのケースでクリアできます。

業務畑のデジタル力は「まず、データ化する。そして、データ処理・活用の段取りを考えられること」です。ワークマンの例では、それまで勘、経験に頼っていた現場の業務担当者が自らエクセルの技術とＢＩ（ビジネス・インテリジェンス）の技術を習得して業務改革を果たしました。小難しいプログラミングや3文字英単語を恐れる必要はありません。今まで自信のなかった方も、「デジタルは苦手」と仰る経営層の方も、是非一歩踏み出してください。

業務畑のデジタル力も、思わず力が抜けるほどシンプルです。3つのポイントを押さえて「踏み出すだけ」です。ワークマンのように社内でエクセル活用進み、業務管理の中に組織的に取り入れることができたならば「鬼に金棒」です。

2-3　業務畑からビジネスルール・マネジメントを考える

「ビジネスルール（業務ルール・規則）」とはどのようなものでしょうか。いろいろと思い浮かぶと思いますが、社内的には「就業規則」や「給与規定」のように社内に適用するもの、「取引約款」や「料金規程」など、社外に適用するものもあります。しかし、ここで採り上げるビジネスルール（業務ルール・規則）については第1章のビジネスプロセスの図で説明した「プロセス執行時の判断基準」となる業務ルールすべてです。

業務プロセスの実行にあたって、数多くの業務ルールが関係しています。

例えば、電車賃のように一つの出発駅から張り巡らされた路線を経由してたどり着く無数の駅までの膨大なデータで構成されているものがあり、保険会社の保険金支払いのように複雑な判断基準から構成されているものもあります。システムの中で抽出する対象となるデータの抽出条件も業務ルールと言えます。他にも、販売業務における「1件の注文に対して納品は1回だけ」とか「1件の注文に対して納品は複数回ある」なども業務ルールです。事程左様に、業務ルールは多種多様なものから構成され、無数に存在しています。

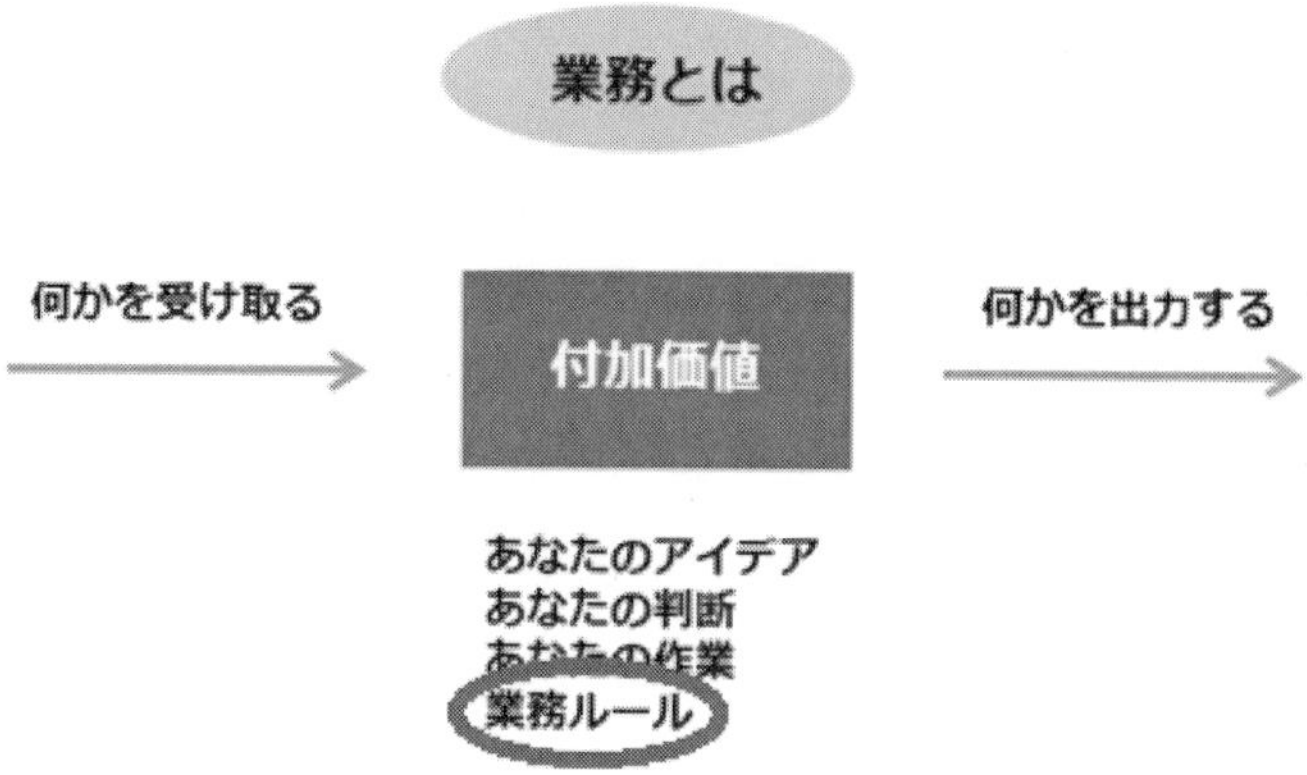

業務とは

何かを受け取る → 付加価値 → 何かを出力する

あなたのアイデア
あなたの判断
あなたの作業
業務ルール

業務畑から見るデジタルトランスフォーメーションにおいては、この業務ルールを理解し対応しなければなりません。具体的には、業務ルールとして電車賃を決める時、電車賃は「巨大な表（テーブル）」に表現され、保存され、乗車券販売システムに入力された出発駅と目的駅の情報から電車賃を抽出し適用します。給与計算では従業員の基本給などの基礎データに、勤怠管理システムに入力された勤怠のデータおよび給与規定に沿って手当などを計算し支給額を決定します。これ等のケースではシステム内に保存された、「乗車賃テーブル」や「給与計算ルール」を管理する必要があります。ここで問題となるのは、業務ルールは、一旦システムにロジックとして組み込んでも、後から「時に応じて変化する」という点です。変化が生じた場合には、当然ですがシステムを改修して、新たなルールを適用しなければなりません。業務畑にとっては、この変化を「速やかに」あるいは「定められたタイミング」で、システムに反映しなければならないのです。一見、システム担当の仕事に見えますが、業務ルールを定めるのは業務の仕事であり、定めた新ルールを適切にシステム担当に「伝達」することも業務の仕事です。

業務ルールの変更は、時として企業の経営に大きな影響を及ぼします。例えば、証券会社の手数料は自由化されその水準は他社との競争において「重要なビジネスモデルの一部」になりましたし、ネットでの小売業にあっては競合と比較しての販売価格設定と価格変更タイミングは業績へ大きな影響を及ぼします。と、考えると次の項でご説明する「アジャイル経営」と業務ルール管理・変更のスムースさに大きな関連があることが分かります。申し上げたいことは、業務畑にとってもシステムへルール変更を迅速に反映することは「経営上の要請」で、自分事としてシステム担当と一緒になって対応することが業務畑にとってのデジタルトランスフォーメーションへの関与点だと言うことです。

皆さんは「データベース」と聞くと、どんな感覚を持たれますか。デジタルには弱いと思っている方は、「いやいや、私には分かりません。」と白旗を上げる方も多いのではないでしょうか。頭からデジタルとかシステムとかは自分の領域ではないと考えると、そうなってしまうのも仕方ありませんが、ＤＸ時代に向かってもう少し頑張ってください。

まず、「データ」ですが日本語では一般的に、そのまま「データ」とか「情報」とかに訳します。ここでは、日本語訳ではなく意味を具体的に考えましょう。例えば、売上伝票にはどのような「項目」が記載されているでしょうか。①取引先名・取引先コード、②商品名、商品コード、③数量、④単価、⑤商品ごとの小計金額、⑥売上合計額、などが並んでいて、これらのそれぞれに「具体的な値」が記入されています。この「具体的な値」がデータです。「そんなことは知っているよ。」と言う声が聞こえて来そうですが、もう少し我慢してお付き合いください。データベースの「ベース」は土台、基礎、基地などの訳が出て来ますが「溜めておくところ」の意味です。さて、データベースとは「情報を溜めておくところ」なのですが、業務畑の皆さんは、「実務で毎日触れている『情報』のすべてを定義できますか?」と、言うのが筆者の質問です。誤解を恐れずに申し上げると、筆者は40年前に外為システムを開発した時にすべてのデータ項目について「その意味・発生の背景にある取引・計算方法など」を理解していました。業務畑の人は「データベース」は分からなくとも、業務上で発生するすべての「情報」に関するデータは定義できないといけないのです。(勿論、一人ではできないかも知れませんが、その時はチームを作れば良いのです)「データベース」と言う言葉については、「業務で発生・使用する情報が溜まっているところ」と理解して戴ければ取り敢えず十分です。

なぜ、ここで「データベース」に触れたのかと言うと、データベースは「業務ルールの塊」と言われているからです。上で「その意味・発生の背景にある取引・計算方法など」と述べましたが、この意味するところが「業務ルール」なのです。「データベースの設計とは業務の設計だ。」とよく言われます。ここでは、注意が必要です。システム開発の対象となる「システム的なデータベース」の検討とは、デジタル形式に変換されたデータをシステム内にどうやって「正しく」保存するのか、つまり「情報処理技術」の一環としての取り扱いを指します。データベースの書籍を読むと、エンティティーとか、リレーションとか、アトリビュートとか訳の分からない言葉が並んでいますが、それらはシステムエンジニア、すなわち、システム畑の仕事であり、業務畑は、あくまで情報の一つ一つに対して「業務上の意味」を定義するのです。

ちょっとこんがらがって来ているので事例で考えてみましょう。A社B社と言う二つの会社が合併してデータベースの統合を行っていると想像してください。1社は法人取引中心で、もう1社は個人取引が中心だったとします。その中で「取引先」と言う情報（データ）を考えてみてください。

如何でしょうか。「取引先」と言うデータ一つでも、その業務上の意味・内容は大きく違っています。従って、A社、B社のデータベースを統合しようとしても、業務が分かっていないシステム

	A社のデータ項目	B社のデータ項目
呼び方	取引先	顧客
登録のタイミング	見込み客とみなした段階	最初の取引が発生した段階
保有している情報	社名 本社所在地 取引本支店名 取引本支店所在地 取引部署名 取引担当者名 代表電話番号 担当者電話番号 納品先所在地	氏名 性別 住所 固定電話番号 携帯電話番号

技術者では、とても対応できません。当然、業務畑が業務の分析を行った上で、新会社のシステム内に保有するデータベースで管理する個別データの在り方を定義する必要が発生します。このことは、当然のことながら企業の合併時に限りません。「時に応じて変化する」日常業務の中で業務畑はデータベースに保存されているデータの中身を理解した上でメンテナンスし続ける必要があるのです。

真のデジタルトランスフォーメーションに取り組むと言うことは、①新しいビジネスモデルが創出される、②企業経営をリーンでアジャイルな構造（次の項で説明します。）に変革することになります。と言うことは、上に書いた業務プロセスと業務ルールともに大きな変化が生じることを意味しているのです。この「変化」は、「どこかの誰かが用意してくれるもの」ではなく、この本を読んでくださっている皆さん自身が取り組んで作り上げるものでなければなりません。

2－4　業務畑の重要課題ビジネスプロセス・マネジメントを考える

◆現代経営の基本思想「リーン」と「アジャイル」

まず、「リーン」ですが英語で「lean」と書き、「贅肉のない・赤身の」と言う意味です。lean beef と言ったら赤身の牛肉になります。１９９０年代にアメリカでトヨタ生産方式が研究され、MITのJ・P・ウォマックらの著書『リーン生産方式が、世界の自動車産業をこう変える』（１９９０年）により全米に広まりました。生産現場での「贅肉、ムダ」を徹底的にそぎ落とすことを目的としています。現代では、生産現場に限らず経営のあらゆる分野拡張されています。「リーン・スタートアップ」と言う概念では新規ビジネスを立ち上げる際に、当初から完璧な製品・サービスを目指すのではなく、「実用最小限の製品（MVP：Minimum Viable ProduCT）」をまず提供し、提供後に、顧客からのフィードバックなどを参考にして、機能追加や改善を行う手法が一般的になりました。

他方、「アジャイル」ですが英語で「agile」と書き、「俊敏な」と言う意味です。アジャイル経営とは、文字通りスピード感に優れた企業経営を意味します。もともとソフトウェア開発で納期を大幅に短縮できる手法として注目された「アジャイル開発」がルーツです。従来、ソフトウェア開発では、要件定義、設計、開発、テストまでを段階的に行う「ウォーターフォール開発」が主流でしたが、一方のアジャイル開発では、細かく分割したプログラムに1～2週間という短い期間を設定し、小単位で開発テストとリリースを繰り返しながらシステムを完成させて行くことにより、顧客の変更要望をシステムに取り入れやすく、且つ納期の短縮とリスクの分散を可能にした開発手法です。この開発思想を仕事のプロセスに生かそうとしたものがアジャイル経営です。

現代のビジネスは、将来の予測が困難な「VUCA（変動性・不確実性・複雑性・曖昧性）の時代」と言われています。すなわち、顧客ニーズの短期的な変化や破壊的イノベーションに晒されて経営の先行きは極めて不透明になり、環境の変化に素早く対応できるようなリーンでアジャイルな体質の企業に進化する必要が生じているのです。

さて、リーン経営・アジャイル経営とは何かを説明しましたが、本書を執筆中にアメリカのＩＴ大手が揃って大量解雇を発表したニュースが駆け巡っています。アメリカにおける「解雇」は、ある日突然、社員に通知され「来週から出社しなくて良い」と告げられます。あるいは、社員の側から突然「転職します」と言い出すことも当たり前に行われています。日本での退職では通常「引き継ぎ」が行われ、退職の決定日と現実の退職日の間は2～3か月程度猶予があるのが一般的だと思います。アメリカでは引き継ぎは原則ありません。

どうして、こんなことが可能なのでしょうか。

筆者が聞いたところでは、欧米では人材を雇用する際に「ジョブ・ディスクリプション」という仕事の一覧表が提示されて、「あなたの仕事は、これこれ、給与はこれこれ」と契約する、とか、アウトソーシングの受託会社はSLA（サービスレベルアグリーメント）と呼ばれる「業務実行のサービス水準、および、その測定・管理に必要なKPI（管理指標）などに関する契約書」と言う書面を取り交わすことが一般的であることなどに見られるように、業務の「標準化」や「可視化」することが一般的であり標準マニュアルが広く存在しているからと言うものです。

また欧米では、2000年頃から当時大きな問題となっていた「ITプロジェクトにおける失敗割合の高さ」から、失敗原因追及のための経営学的研究が盛んに行われました。その結果、原因の多くがシステム開発における技術的なものではなく、「ユーザーからの情報が不足」「要求や仕様が不完全」「要求や仕様が変化」といった業務側に原因があることが明らかになり、その後、ユーザーの業務について調査・分析する「ビジネス・アナリシス（業務分析）」が盛んになりました。そこから発展してビジネスプロセス・マネジメントと言う経営手法（マネジメント）として定着したのです。

筆者の個人的意見ですが、リーンやアジャイルなどを含めて欧米の経営者はこうした経営学的な研究を取り入れることに強い関心を持っていたことに対し、特に２０００年以降、日本の経営者がこの分野への関心が薄かったことで大きな差がついてしまったと感じています。トヨタ生産方式が欧米のお手本だったことを考えると勿体ないことでした。

中国やベトナムなどの新興国でも「追いつき、追い越せ」のために先進的な業務管理を積極的に取り入れているようです。さて、皆さんの職場では如何でしょうか。

では、ビジネスプロセス・マネジメントの説明に入ります。ビジネスプロセス・マネジメントの意味を再確認しておきます。ビジネスプロセスとは「業務プロセス」あるいは「業務手順」であり、マネジメントとは日本語では一般に「管理」と訳されることが多いのですが、意味としては「管理するための経営手法」の方が内容を表していると思います。一言でまとめると「業務手順を管理するための経営手法」となります。筆者は、もう少し突っ込んで「業務手順を最適化するための継続的経営管理」と呼んでいます。「最適化」とは、「ある時点における最善の状態にする」ことです。時間は常に進行しているので「ある時点」も常に変化しています。ですから、時間の変化に合わせて時々刻々変化する「その時点」の「最善」を求める必要があり、それは「継続的」という概念になります。従って、ビジネスプロセス・マネジメントは「業務手順の現在の姿」を常に把握し、次の瞬間に発生する変化に「姿」を適用させることなのです。

「現在の姿を把握する」にはどうしたらよいのでしょう。「業務担当者の頭の中にある」ことで足りるのでしょうか。人間の能力には限界があり、「身の回りの業務内容を全部覚えていること」は不可能ですし、組織においては新人が入って来たり、転勤や退職があったりするのが一般的で、業務知識を人間の頭の中だけにしまって毎日の仕事を実行するのは不可能です。そこで求められるのが、「文書化」すなわち書面に記録することです。しかし、最近では「可視化」あるいは「見える化」などの表現がよく耳に入ります。英語　では「Visual Management」と呼ぶようです。

読者の中には「また、見える化かよ。過去に何回もやらされた」とか、「昔、膨大な業務フローチャートを描いたけど、キャビネットの中で眠ってるよ」と仰る方もいるかも知れません。筆者もいろいろなケースを体験しました。一時期、見える化ブームと言うのがあって、某銀行ではベテランのノウハウを残すため膨大な業務フローを書いたとか、コンサルタントに依頼して業務フローを書いたけどAs-Is（現状）モデルだけができ上がってTo-Be（あるべき姿）モデルはできなかったとか、せっかく書いてもキャビネットの肥やしになっているというものでした。また、ISOやJ-SOXなどのプロジェクトにおいて、取り敢えず「有ることが必要」だったからと言うケースも有りました。これ等のケースでは、「見える化」や「ビジネスプロセス・マネジメント」の本来の目的が共有されず、「見える化資料を作ること」そのものが目的化していたと言えます。見える化について「何を作るのか＝WHAT」ではなく「なぜ、実施するのか＝WHY」を考えなくてはいけません。

私たちが目指すビジネスプロセス・マネジメントは、上記の「見える化活動」がそうであった「一過性の活動」ではなく、「継続的経営管理活動」です。具体的な事例で見てみましょう。

iPhoneのApple社において、現在のCEOであるクック氏は、2005年COO（最高業務責任者）に就任し、その後約2年間でApple社の在庫期間を70日から10日に短縮させた話しは有名です。（勿論、成果はこれに限ったものではありません。）皆さんよくお分かりの通り、Apple社のようなグローバルで巨大なサプライチェーンを有する企業が、このような劇的改善を達成するのは容易ではありません。Apple社では、ビジネスプロセスの見える化を行い、業務改善の対策を実行してこのような成果に結びつけたのです。そして、その後も在庫回転率を継続的に「監視して」、「維持して」いるのです。ビジネスプロセス・マネジメントとは、正にこの「改善」と「継続的な監視」、そして「維持」のための活動ですが、維持と言っても水鳥が水中で足を動かし続けていることと同じで、常に「改善活動」が行われているのです。どうでしょうか。皆さんの会社でも在庫回転率を飛躍的に圧縮できて、それを維持できたとしたら素晴らしい事だと思いませんか。

経営指標は大きく以下の5つに分類されます。

1. 収益性の指標
2. 安全性の指標
3. 活動性の指標
4. 生産性の指標
5. 成長性の指標

上記の在庫回転率は、3. 活動性の指標の一つになります。

これらの指標の一つ一つには、それぞれ、その企業のビジネスプロセスの成績が反映されています。どうでしょうか、ビジネスプロセス・マネジメントとは、単なる「見える化」が目的ではないのです。見える化の目的についてはネット上にも情報があふれていますが、その多くは抽象的に表現されているため、「よく分からない」と感じる方も多いでしょう。例えば、以下のようなものです。

業務改善をすることのメリット
業務改善を行うことにより一人一人の従業員が成果を出しやすくなることから、生産性向上が期待できます。ムダを省いて業務に取り組めればそれだけ効率が良くなるので、経費削減効果も大きいです。また、従業員にとっての負担も抑えることができるので、作業の効率化による労働条件の改善にもつながるのがメリットです。

筆者も、勿論、「入口」としてのこうした考え方を否定するものではありません。ご理解戴きたいのは、ビジネスプロセスとは経営指標に表れる「数字」を生み出している「企業活動」の構成要素だということです。別の言い方をすると、ともすると「努力目標」のように見えてしまう「業務改善」では、よく言われる「現場がついて来ない」現象が起きますが、各部署のビジネスプロセスが生み出している「数字」を把握して各部署の「数値目標」を設定できれば説得力が自ずから違ってきます。経営者にとっても、業務改善活動の「成果」を、手ごたえをもって感じられるでしょう。
別の言い方をすると、ビジネスプロセスを構成する要素に分解し、その要素を「変数」と考えて、その要素（変数）と「施策」を対応させることにより、「施策」と対応する「要素（変数）の変化」、つまり、「施策の効果の是非」が把握できるのです。

京セラの創業者である稲盛和夫氏による「アメーバ経営」は有名ですが、アメーバ経営の基本思想の一つに「部門別採算制度」があります。これは、組織を細分化して各組織単位の業績を「見える化」するものです。「見える化」は、業務フロー図（ビジネスプロセス・モデル）で語られることが多いのですが、過去の失敗例のように、モデル（図）を描いても、その中の何に着目したら良いのかまでは簡単には見えません。数字による「改善目的の明確化」があって、初めて見える化に意味が伴うのです。

2022年2月14日の富士通Japanのホームページにおける公認会計士 林 總 氏によるブログの一部をご紹介します。

(https://www.fujｰITsu.com/jp/group/fjm/business/mikata/column/hayashi2/003.html)

最近、よく耳にする「キャッシュ・コンバージョン・サイクル（CCC）」についての記事です。キャッシュ・コンバージョン・サイクルとは、日本語では「現金循環日数」と呼び企業の現金回転率を表すもので短いほど（マイナスも含めて）良いとされます。

コロナ禍における日本企業の現状

2020年10月22日の日経新聞では、コロナ禍における日系企業と米国企業とのCCC比較を報じています。

日米欧主要企業のCCCは、日本企業の2020年3月期までは60日台だったのですが、コロナに突入した2020年4~6月は84日と急速に悪化しました。コロナで在庫が積み上がり、資金回収も遅れたためです。いいかえれば、資金が順調に流れなくなったからです。

「欧米企業に比べた効率の悪さが目立ち、改善が急務だ。デジタルトランスフォーメーション（DX）も活用しながら、在庫圧縮や資金回収の迅速化に取り組む」必要が出てきたという訳です。

海外主要企業と資金効率に開き（2020年4～6月期のCCC）

飲料	米コカ・コーラ	▲205
	キリンHD	75
小売り	米アマゾン	▲26
	三越伊勢丹HD	48
電機	米アップル	▲26
	ソニー	64
自動車	米テスラ	29
	ホンダ	141
化学	英リンデ	39
	信越化学工業	174

(注)▲はマイナス

この記事から読み取れることは、コロナ禍で欧米企業と比べて運転資金効率が悪化した原因はDXの遅れということです。多くの日本企業では、各業務システムがバラバラに動いて知るため、会社全体の連携がとれないまま運転資金が在庫や売上債権に溜まっているのです。

米国のIT企業では、すでに20世紀の終わりには活用されていたCCCを、日本ではやっと本格的に目標に掲げ始めました。

デジタルトランスフォーメーション（ＤＸ）が必要だと指摘しておられますが、ＤＸのためには
ビジネスプロセス・マネジメントが必要です。

因みに、ＣＣＣは、以下の式で計算されます。
ＣＣＣ＝在庫回転日数＋売上債権回転日数－仕入債務回転日数
つまり、ＣＣＣ改善のためには「在庫」「売上債権回収」「仕入債務支払」の業務プロセスを明らかにして、「なぜ、現在の値なのか」また「各工程で誰が、何を基準に、どう行動しているのか」を突き止める必要があるため、プロセスを「見える化」して（ビジネスプロセス・モデルとして展開して）改善点を検討することに繋がります。

ここまで、ある意味で「攻めのビジネスプロセス・マネジメント」の効果について見て来ました。次に「守りのビジネスプロセス・マネジメント」について考えてみたいと思います。それは、組織の「３大非効率」とも言える現象で、以下の３つです。

1. 探す
2. サイロ化

3．属人化

最初の、「探す」です。これは、１００％「ムダ」な作業ですが、気づかないところで組織にはびこっています。日本の多くの製造の現場では、5S活動（整理・整頓・清掃・清潔・躾）等を通じて、工具や治具の置き場所・格納場所を決めておいて、使用後は必ず「元の場所に戻す」ことが徹底されています。しかし、企業全体で見た場合には、しばしば「探す」ことに時間を取られている事象が見られます。例えば「業務マニュアルが整備されておらず、業務の応援や引き継ぎができない」などと言うのも「探す」の一形態です。ブラックボックス化とは、正に、「探すこともできない」状況に陥っているのです。システム内のコード化されたプロセスも同じです。

二番目の、「サイロ化」ですが、サイロとは穀物や牧草

などを長期にわたり保存するために建てられた円筒形の貯蔵庫のことです。

ご覧のように、それぞれが独立して建てられており「繋がって」いません。組織においては「営業部」と「工場」が独立して（連携せずに）運営され、お互いにお互いが何をやっているのか分からない状態や、またIT世界では、同種のデータ（例えば「顧客データ」）を格納しているデータベースが、部門別あるいはシステム別に保存されているために、連携が取れないことを指しています。当然、「野球」での「ゲッツー」のような「連携作業」が難しくなります。

海外の先進企業の事例としては、Microsoftにおけるサイロ化の事例が、「いまこそ知りたいDX戦略 自社のコアを再定義し、デジタル化する」石角友愛著　ディスカヴァー・トゥエンティワン出版に紹介されています。

■サイロ化（縦割り構造）はなぜ問題か―マイクロソフトの事例
マイクロソフトのCEOであるサティア―ナデラは、2014年にCEOに就任した際に「会社組織の根底に、データを成長の軸とする文化をつくりあげなければならない」と発表した。
（中略）
たとえば、2002年には7つの事業部に分かれて、それぞれがPLの責任をもって運営していたが、組織体制の変更をくり返し、2019年には以下の4つのエンジニアリンググループに統合した。

（中略）

たとえば、2002年には7つの事業部に分かれて、それぞれがPLの責任をもって運営していたが、組織体制の変更をくり返し、2019年には以下の4つのエンジニアリンググループに統合した。とり訳、社内のDXを推進する役割として4つめのチームであるCore Service Engineering & Operations（通称CSEO）が重要な存在になった。

（中略）

CSEOで問題視されたのは、企業データが従来の縦割り構造のもとでサイロ化（分散）されている点だった。というのも、マイクロソフトでは過去何十年もかけて蓄積されたデータが、製品やチーム、機能ごとにばらばらに管理されていたため、本来であれば社内共通のリソースとして他のプロジェクトにも活用できたであろうデータの価値が損なわれてしまっていた。そこで、サイロ化されたこれらのデータを信頼のおけるソースのもとに一元化し、社内の誰でもアクセス可能にするためにDXを行うことにしたのだ。

Microsoftでさえ、データはサイロ化しており、サイロ化の打破とデータの組織共有が重要なテーマだったのです。

最後の「属人化」は、特定の個人にしか業務実態が把握できていない状態を指します。属人化は、担当者が不在の時に業務が進まなくなるなどのリスクがありますが、皆さんにも経験があるのではないでしょうか。「不在の時」の問題もさることながら、大きな「非効率」や、場合によっては「間違い」のリスクも内在しています。

これら三つの問題での共通点は、「意識しなければ、気づかない」ことで、平素は、「当たり前」「無関心」の中で見過ごされている点です。このような「潜在リスク」や「潜在コスト」を発見することもビジネスプロセス・マネジメントに期待される効果です。

ここまで、業務畑の方々にビジネスプロセス・マネジメントについて、取り組みの基本的考え方をお伝えしました。どうでしょうか。①経営管理の諸計数を併せて考慮する「攻め」、②非効率の種を探す「守り」、に業務畑の担当者は、目を向けることの重要性をご理解戴けたでしょうか。

筆者は、ビジネスプロセス・マネジメントとは、「経営手法」であり全社的に展開する必要があると考えます。基本として、ビジネスプロセスの見える化を「全社展開」したいのです。繰り返しになりますが、業務とは、①INPUT、②PROCESS、③OUTPUT、から成り立ち、これは、①企業として、②部門として、③課として、④係として、⑤担当者として、これらの5段階に共通して言えることです。従って、ビジネスプロセスは、この5段階すべて、つまり、全社で見える化しなければなりません。そうしないと「しまっておく（死蔵する）」になってしまうのです。「そんな、大変だ」と聞こえてきますが、読者の皆さんは、今、「トランスフォーメーション＝変革」を起こそうとしているはずですし、ビジネスプロセス・マネジメントを一旦導入して全社展開すれば、申し上げていることは「大変」ではありませんし、「3大非効率」を発見するには、全社展開しないとそもそも発見できません。

ここで、世界一の計測機を作る中小企業、株式会社メトロール（東京都立川市）の事例を紹介します。

メトロールでは、製造ラインは「セル生産方式」を80名の主婦パートタイマーが担っています。勿論、着任した時は、製造技術については何も知らず、「ねじ回し」が「ドライバー」と呼ばれることすらも知らなかったそうです。しかし、メトロールでは徹底した社内教育に時間と体力をかけて、主婦パートタイマーによる1000品目にも上る製品のセル生産方式を実現しました。パートタイマーの皆さんの「やる気」も大幅に向上し、「業務改善提案」も増加、目に見える業務効率改善に貢献しているそうです。

ビジネスプロセス・マネジメントの全社展開も、メトロールが努力を惜しむことなく、成功を収めた「社内教育の展開」と同じです。「やるか、やらないか」だけの違いです。

1．業務をビジネスモデルに表現して「可視化」する。（自分（自部署）の業務を認識する）
2．ビジネスモデルを「死蔵」することなく、部門ごと、担当者ごとに「自分で保管する」。
3．ビジネスモデルを、業務マニュアルとリンクさせる。
4．新規業務の発生時や、トラブル発生時には必ずビジネスモデルを参照しながら、管理者と担当者が「業務設計」や「なぜなぜ分析」などを行う。
5．「業務改善提案」を、ビジネスモデルをベースに行う。

著者も経験しましたが、管理職より担当者やパートタイマーの方が、ビジネスプロセスをよく知っていることはよくあることです。（これも、知識のサイロ化です）ビジネスプロセス・マネジメントは、経営者・管理職・実務担当者の間で生じる「認識や知識のミスマッチ」を、発見・防止する機能がありますので、コミュニケーションが活発化され、必ず「業務改善」に繋がり、デジタルトランスフォーメーションの基礎となります。

2-5　ビジネスプロセス・マネジメントの実践

ビジネスプロセス・マネジメントについて、いろいろな角度から見てきました。この章では、ビジネスプロセス・マネジメントの実践について「全体感」から考えます。

ビジネスプロセス・マネジメントの具体的な内容については、株式会社エル・ティー・エスの執行役員である山本政樹氏の以下の良書が大変参考になりますので、そちらを是非ご一読ください。

「ビジネスプロセスの教科書―アイデアを「実行力」に転換する方法」東洋経済新報社
「ビジネスプロセスの教科書　第2版―共感とデジタルが導く新時代のビジネスアーキテクチャ」東洋経済新報社

併せて、下記の2冊も良書ですのでお勧めします。（山本政樹著）
「Business Agility――これからの企業に求められる「変化に適応する力」」プレジデント社
「Process Visionary――デジタル時代のプロセス変革リーダー」プレジデント社

また、ＢＰＭのモデルを描く技術については、下記のサイト・書籍が参考になります。
「一般社団法人ＢＰＭコンソーシアム」https://bpm-consortium.or.jp/
「ＢＰＭＮ工房」https://www.bpmn-kobo.com/
「業務改革、見える化のための業務フローの描き方」マイナビ出版

ビジネスプロセス・マネジメントの実行手順については、次の書籍に明確に著されています。こちらも、ご一読ください。

「プロセス思考でビジネスが変わる」土方雅之著（※）幻冬舎（２０２０／１／15）
土方氏は、業務改善において次の７ステップを定めておられます。
1. 改善目標を定義する
2. プロセスを見える化する
3. プロセスを測る（改善前）
4. プロセスを分析する
5. プロセスを改善する

6．プロセスを測る（改善後）
7．プロセスを定着させる

また、土方氏のホームページに更に参考になる具体的な情報が公開されています。
株式会社カレントカラー　(https://www.current-color.co.jp/index.html)
ビジネスプロセス・マネジメントの達人をお二人、ご紹介しましたが、以下には筆者としてお二人の著述に、付け加えたい事項を述べさせて戴きます。

因みに、『「ビジネスプロセス・マネジメント」と「業務改善」は、どこが違うのか？』と言う問いに、筆者は明確な区分はできません。単に「呼び方」の問題と考えています。感覚的にはビジネスプロセス・マネジメントは経営者主導の活動、業務改善は現場主導の活動のイメージがありますが、「やること」に大きな違いはないので読者の職場で受け入れやすい呼称を用いればよいと思います。

さて、
あなたの会社で次のような症状はないでしょうか。

---

1. 経営者から次々と新たな事業やサービスの指示が下りてくるが、現場がついてこない
2. 社員が退職すると、その人の仕事を分かる人が他におらず、現場が混乱する
3. 社内でトラブルがあっても仕事の全体像を分かる人がおらず、原因究明に時間がかかる
4. 業務をアウトソーシングしているが、効果が出ているのか分からない
5. システム開発プロジェクトがトラブルばかりで、コストがかさむ

これらの症状は一見異なるものに見えますが、たどっていくと共通の原因にたどり着きます。それはビジネスプロセス・マネジメントが上手くいっていないということです。

(出典：ビジネスプロセスの教科書　山本政樹著　東洋経済新報社)

前出の山本政樹氏の著書の「はじめに」からの引用ですが、これらの要素を見てみましょう。

1. 新たな事業やサービスを実行する上でのビジネスプロセスやビジネスルールが明確に現場に落ちていない。
2. ビジネスプロセスやビジネスルールが属人化して、組織の「標準」になっていない。
3. 同上
4. 組織間での必要なコミュニケーションが取られておらず、データ活用が行われていない。
5. システム開発における業務目標が絞り込まれておらず、ビジネスプロセスやビジネスルールが

標準化されていないため、システム設計が滞る。

もう少し、著者の立場から整理してみます。

1. 現場にヒアリング等を行い、ビジネスプロセスやビジネスルールが不明確で業務が滞っている業務を洗い出す。管理職、担当者ともに「困った」の調査が必要。
2. 属人化の「発見」は、著者の経験からも「意外と難しい」のです。属人化は「頼りになる人」「任せられる人」がいて起こります。表面的なヒアリングではなく、過去の「困った」に関しての管理職に対する的を絞った調査が必要。
3. 同上
4. 組織内における「分からない」も難しいテーマです。分からなくても「困りごとが無い」と表面化しません。「お客様の声」や社内・社外の「苦情」の分析などにより見つかる場合もあります。
5. システム開発は、「プロジェクト管理能力」と言った、ある意味「特別な」力も必要ですが、基本的には「その企業」における業務定義力・構築力が試されているので、デジタルトランスフォーメーションにおける最重要課題です。詳細な自社スキルの分析が必要です。

山本政樹氏が投げかけた「症状」や「課題」「不満」は、どの組織・企業においても転がっているはずなので、ビジネスプロセス・マネジメントでは、まず、そこから手を付けましょう。調査の対象となる「現場」にとっても、「楽になる」とか「問題が解決される」と言った「期待」が伴えば「やらされている感」が小さくなると思います。但し、単なる「不満などの聞き取り」に集中するのではなく「ビジネスプロセスやビジネスルールが整備されているか」「その業務の責任者は誰か」あるいは「計測されているか」について、常に配慮しておくことが重要です。

次に、ビジネスプロセス・マネジメントを進めるための組織・体制について考えましょう。まず、ビジネスプロセス・マネジメントは一過性の「プロジェクト」ではありません。過去の失敗を振り返ると、一過性のものとして「可視化のためのビジネスモデル」を描いて完了として、「成果物は棚で眠っている」と言うことも少なくありませんでした。全社的に「常に業務を見直すことが業務の一部になること」が重要です。従って、ビジネスプロセス・マネジメントを管理・コントロールする部門も「長期的な視野」で設置することが必要です。しかし、ビジネスプロセス・マネジメントを新しくスタートさせるためには相応の「推進力」が必要なので、プロジェクト・チームとして立ち上げることもOKですが、長い目では、本部内に責任部門を置き、各部門にも「とりまとめ担当者」を設置する全社的施策の方向で進めたいです。

ビジネスプロセス・マネジメントをリードする部署・人の立場について

1．経営層によるリーダーシップ

ビジネスプロセス・マネジメントを管理・コントロールする立場は極めて重要です。これまでに述べたように、ビジネスプロセスは全社に張り巡らされたネットワークであり、ビジネスプロセス・マネジメントを担当すると言うことは、全社のプロセスつまり工程をあるべき姿に最適化しなければなりません。財務会計上の計数や管理会計上の計数などの意味するところを理解し、関連する工程を改善するための手段を選択し実行しなければなりませんし、営業活動やマーケティング活動なども対象となります。Apple社のティム・クックを思い出してください。そうです、「最高業務責任者」COO（チーフオペレーティング・オフィサー）を設置して経営の立場からリーダーシップを発揮できれば、極めて有効でしょう。下記、「3．各部門長によるリーダーシップ」で述べる各部門長の、①問題意識、②取り組み姿勢、③協働、などを引き出し、活動に一体感を醸成することが最重要課題です。

2．経営管理部門のリーダーシップ

今の日本では、COO設置は、まだ、コンセンサスが得にくいかも知れません。最も、現実性があるのは経営管理部門による「企画立案」と「実施」でしょう。経営管理部門は、当然、経営との緊密な連携の下でビジネスプロセス・マネジメントを運営しないといけません。経営管理部門が担当するにしても、筆者の経験では、ビジネスプロセス・マネジメントのような施策に、経営企画部内に一人の担当者が任命されて、各部門に「では、各部でビジネス・モデルを書いてください」と、目先で取り敢えず資料が提出されれば良しとする、そんな運営では決してうまく行きません。重要なポイントは、経営層と同様に「如何に管理された全社活動」に広げられるか・・・です。

3．各部門長によるリーダーシップ

筆者の経験ですが、本部から「取り敢えずの活動」が指示されると、大半の部門長は、「じゃ、頼むよ」と、とりまとめ担当者を選んで丸投げします。しかし、ビジネスプロセス・マネジメントにおいては、活動を全社に広げるために、部門長が、課長、係長、担当者など、ラインに沿って更に展開する必要があり、この階層による理解と方針の徹底が重要です。先の、COOや経営管理部門も、各部門長とのコミュニケーションにより、ビジネスプロセス・マネジメント活動を「通常業務」の一つに根付かせる努力をしなければなりません。

4．現場の管理職（課長・係長など）によるリーダーシップこの階層の管理職は、別の意味で重要なポジションです。と言うのは、活動を日常業務に取り入れ、根付かせるためのキーマンだからです。銀行などでは、数多くの支店で行われるビジネスプロセスを専門に管理・監督するための組織が「事務管理部」などの名称で設置されています。しかし、一般企業では各部門でのビジネスプロセスはバラバラであり、こうした組織が設置されていることは稀だと思います。そうすると、現場の管理職がビジネスプロセスを設計・構築・維持・管理しなければなりません。ところが、ビジネスプロセスとは、一旦実施されると、その後、大きな変更が発生するケースは少なく、現場において、ビジネスプロセスやマニュアルもキャビネットに仕舞われて、なかなか参照されることも少なくなるのが一般的だと思います。その前提で、現場の管理職としては、①事務取扱ミスの発生、②法律や制度の変更、③取引先との取り決めの変更、④非効率なプロセスの発見、などが発生した際に、「積極的に」あるいは「必ず」ビジネスプロセスやマニュアルを参照し、「口頭指示」ではなく「文書による指示」を出すことを徹底しなければなりません。その意味で、ビジネスプロセス・マネジメント導入において、最も「意識改革」が必要になるのが、このポジションです。

5．ＩＴ部門のリーダーシップ

ビジネスプロセス・マネジメントにおけるＩＴ部門のリーダーシップは、ユーザー部門に対する

「システム情報の提供力」になります。①「全社のシステム構造（連携）がどうなっているか。」②「どの部署で、どの業務が、どのシステムを使っているか。」について常にアップデートされた情報を管理し、適時にフィードバックできることです。この内の「どの業務が」の部分が、各部署の業務プロセスに相当します。勿論、ＩＴ部門自身の業務プロセスは、自部門のそれとして実施しなければなりません。

ビジネスプロセス・マネジメントの進め方のポイントについて、一般論で良く語られることへの筆者なりの注意点をお伝えします。

1.「業務の棚卸し」は有効か?

ビジネスプロセス・マネジメントや業務改善について調べてみると、多くの情報が「業務の棚卸し」を訴えていることに気が付きました。業務の棚卸しとは、何らかの意味で「一斉且つランダムに全業務を調べる」ことであり、「部署ごと、社員一人ひとりの業務内容や作業時間、コストなどに注目し洗い出す」と言っておられるのですが、スタート時点で「的」がないと、「業務の現場の充実感が欠如する」と言う、過去の失敗の轍を踏むことに繋がる恐れが大きいと感じます。また、棚卸しの範囲が部門別とならざるを得ず、部門跨ぎの案件の発見が困難になります。

但し、長期的には全社、全社員、全業務を対象にできるように展開します。この点は、別項目でお話しします。

2．業務の優先順位を決めるべきか、どうか？

勿論、優先順位の無い業務は存在しません。しかし、この点は、上記1．と関連しており、ある意味で「ランダム」に（棚卸しで）対象業務を抽出し、それを母数とした上での「優先順位」と一般的には語られることが多いのです。ここで推奨したいのは、各種の回転率などの「経営指標」、「顧客の声」から集めた「不満」、「社員の不満」などを事前調査により抽出し、推進部門が各部門の役員や管理職と協議の上で経営的な観点で対象業務を絞り込むことです。この他、優先順位の決定方法で、成果・コスト・活動期間・難易度などをポイント制で評点する方法もありますが、難しいものを先送りしやすいと言う難点があります。

3．活動は、「モデル化＝見える化（可視化）」で、決して終わらせてはいけない

過去の失敗としてお話ししましたが、多くの組織でプロセスモデル（業務フロー図）は何回も描かれてきたと思います。内部統制（J-Sox法対応）、上場申請（ＩＰＯ）、そして、各種ＩＳＯ認証などの他、ＱＣ活動への対応などが考えられます。多くのプロセスモデルは描くための体力を提供

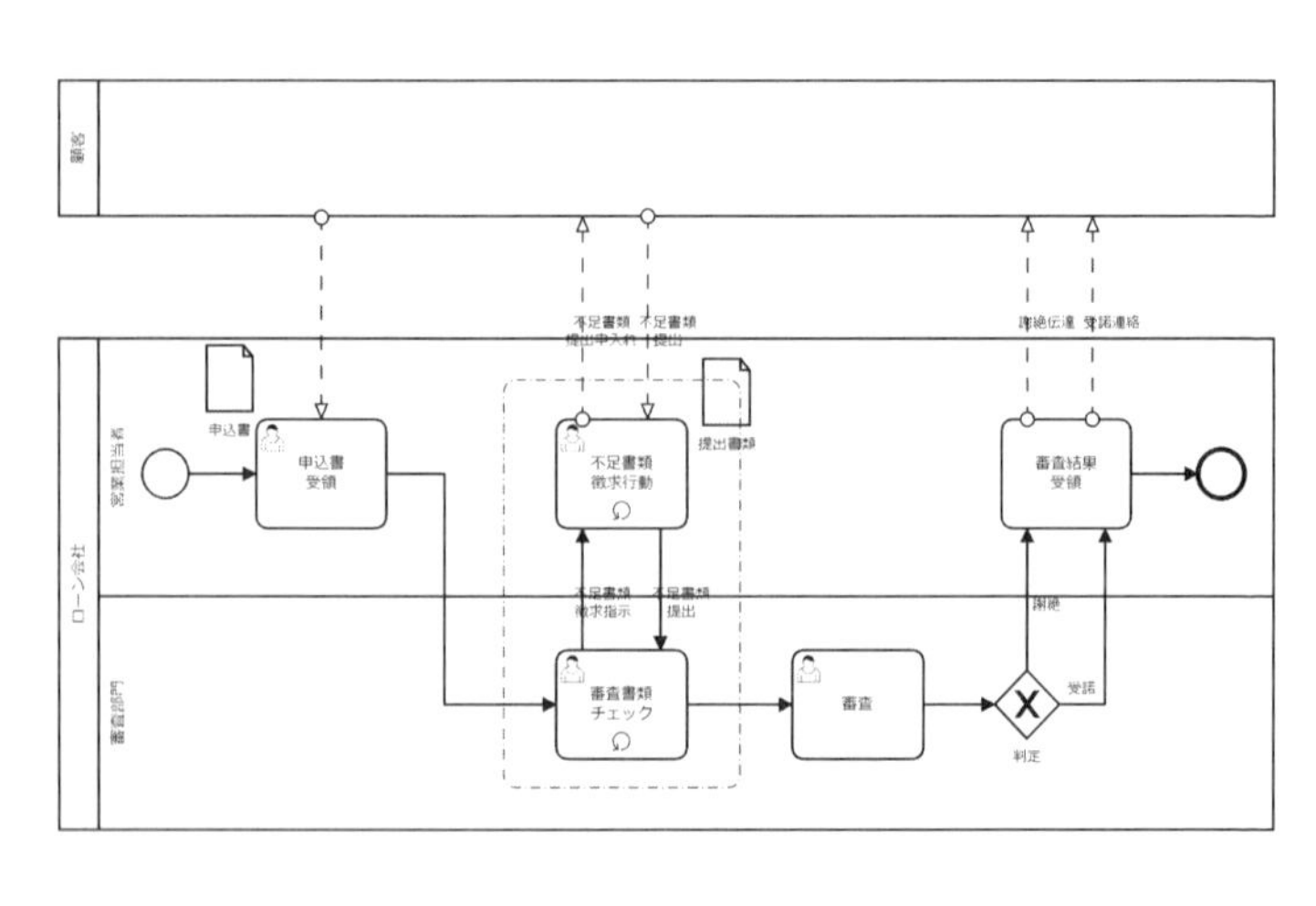

した「現場」で活用されることは稀であり、それぞれの担当チームの「キャビネットで眠っている」例が多いと思われます。そのため、現場によっては「またか、もう勘弁してくれ」との声が上がる可能性があります。ビジネスプロセス・マネジメントの一環として、業務フロー描く場合、「マスター・モデル」つまり、社内の標準モデルとなるビジネスプロセス描き、このマスター・モデルは「社内で権威のある唯一のモデル」として、業務マニュアルと一体のものとして、恒常的に現場で活用される必要があります。ビジネスプロセス・マネジメントにおいては、この水準までマネジメント・レベルを上げることが重要です。

4．プロセス・モデルの「属性（プロパティ）」を作成する

プロセス・モデルは、よく度存知の通り、上図のようなイメージです。

このモデルの中の長方形が処理を表し、プロセスと呼ば

れます。この一つのプロセスの内容を詳細に記述したものが「属性（プロパティ）」です。例えば、皆さんが使っているWindowsでエクスプローラーを開き、フォルダの上で右クリックをすると画像1のようなウィンドウが出ますが、そこの下の方にプロパティと言う項目があり、更に開くと画像2のようなプロパティと呼ばれるウィンドウが開かれます。このプロパティには、最初に指定したフォルダのシステム的な詳細情報が記載されています。すべての、Windowsの機能　にこのプロパティが作成・定義されています。

Windowsのシステム構造は、すべてプロパティに定義されています。ビジネス・モデルでも、各プロセスにプロパティを定義したいのです。勿論、すべてのプロセスに対して作成するとなると、膨大な数になります。しかし、考えてみてくださ

プロセス詳細記述書	
プロセス番号	3－M－1－3
項目	内容
レベル1プロセス	メンテナンス
レベル2プロセス	営業所作業
レベル3プロセス	顧客との日程調整
レベル4プロセス	
レベル5プロセス	
担当部署・担当者	担当営業所
ステークホルダー	顧客・営業所担当者・技術者・下請け（場合により営業部）
目的	施工日決定
機能（付加価値）	顧客から施工可能日の候補を受け取り、他の現場施工日及び技術者・下請けの予定と合わせ施工日を決定する。
システム機能	
インプット0（トリガー）	
インプット1	顧客の指定する施工可能日 他の現場の施工日 技術者の予定 下請けの予定
アウトプット0（完了基準）	
アウトプット1	決定した施工日
ビジネス・ルール	特に定めなし
使用ナレッジ	
責任部署・責任者	営業所長・担当者

い。Windowsは大きなシステムとは言え、一つひとつの小さなプロセスから構成されています。Microsoftの技術者が各々分担して、大変な体力をかけて、全Windowsの機能を設計し、その関連情報としてプロパティを作成しているのです。皆さんがこれから作ろうとしているのも、同じくらい重要なものなのです・・・。とは言え、筆者も無理に「全部」とは申しません。これはと言う重要なプロセスを対象として要否を判定してください。上で言うところのプロパティを「プロセス詳細記述書」と呼びますが、これは、元バリューチェーンプロセス協議会理事長　渡辺和宣氏より筆者が指導を受けたものを、簡素化したものです。ともすると、「漠然」とした理解に陥りがちなプロセス・モデルですが、プロセス詳細記述書により明確に「定義」することにより、ロジカルな理解と展開が可能になります。

5.「小さく始める」（スモールスタート）は有効か?

「業務改革」や「システム導入」について、よく言われることが「小さく始める」ですが・・・例えばチャット・ツールの導入であれば、「取り敢えず一部門で試して効果が感じられれば全社導入、ダメならば展開しない」と言う検討工程のことです。しかし、ビジネスプロセス・マネジメントにおいては、「小さく」と言う言葉に筆者は違和感を覚えます。と言うのは、ビジネスプロセス・マネジメントにおいて注目すべきは「組織横断」「エンド・ツー・エンド（End to End）」だからです。

企業をはじめ多くの組織は「機能別組織」と言う「縦割り組織」で構成されています。営業部は、「売上」で、製造部（工場）は、「生産性」でそれぞれ評価されると考えるのが一般的です。この前提では、ともすると、営業部は「自部のペースで売ることだけを考える」工場では「製造の効率だけを考える」と言う「自部門優先」に陥ります。ビジネスプロセス・マネジメントの立場からは、例えば、「売上見通し」と「製造計画」の「最適化」を考えます。つまり、部門跨ぎの「製販一体」で考えるということが、一部門に特化するより重要であり、部署横断的な組織を立ち上げる意味があります。それ故に、あまり「小さく」を意識して欲しくないのです。チャット・ツールの拡大導入であれば、先に実施した導入事例が大いに参考になりますが、ビジネスプロセス・マネジメントでは部門が違うと前例は殆ど役に立ちません。勿論、「部署間の意見のとりまとめが難航」と言った懸念もあります。しかし、部門間のとりまとめは、ビジネスプロセス・マネジメント推進部門が力を発揮すべき役割でもあります。

6.「プロセス・モデル（＝業務フロー図）」は、現場の人にはなかなか描けないものと認識する。

読者は、「まず、プロセス・モデル（＝業務フロー図）」だな、と考えるかも知れませんが、これも筆者の経験なのですが、現場にプロセス・モデルを描いてもらうのが結構大変で、骨の折れる仕事なのです。理由は、大きく三つあって、①技術的に分からない、②感覚的に受け入れられない、

③余計な仕事だと感じる、などです。

（1）技術的に分からない

この症状の人が一般的で、「指導」さえ行えばクリアできますが、指導に当たってサンプルを提示しても、すぐにはできません。なぜかと言うと、プロセス・モデルを描くにあたって最初のステップは、「自分の仕事をプロセスに分解すること。」なのですが、図に描くより、この分解が難しいのです。従って、組織外の指導者を、いきなり現場担当者の指導員として派遣するのではなく、当該部署の業務が分かっている人材から選抜した「指導員」を、まず育てるのが有効です。

（2）感覚的に受け入れられない

この症状の人は、なかなか大変です。四角い箱が並んだモデルを見ただけで「私には無理」（実は、嫌い）と思ってしまうタイプです。こういう人には、無理に押し付けるとストレスになってしまう場合もあるので、注意が必要です。対策としては、ワークショップ形式にして、同僚や仲間と一緒に作業しつつ、本人には「自分の仕事」を順番に「言って」もらい、仲間や同僚がホワイトボードに図を描くなどの配慮が必要かも知れません。

（3）余計な仕事だと感じる

所謂、「懐疑的」とか「否定的」、英語で“Skeptics”と呼ばれる人たちです。新しい業務をスタートさせる時には、多くの場合で「異を唱える人」が出て来るせいか、ネット上で検索すると、いろいろな対策が出て来ます。ポイントは、①部門長・課長・係長と言うラインの足並みを揃える、②対象となる人を「孤独」にしない、③「なぜ、この施策を行うのか」という「価値の共有」に時間をかける、などになります。

言っていることが支離滅裂に感じられるかも知れませんが、ポイントは、①スタートでは、エンド・ツー・エンドな課題を選択し、具体的な成果に結び付けて、周囲の合意と共感を得る、②次のステップで関連した部署の個別プロセスをモデル化する、③全体活動に広げる、と言うステップを踏むことが有効と考えています。しかし、勿論、各社の事情により最適なステップを踏んでください。

第3章

DXの実践

3－1　DXに取り掛かる

ここまで、「デジタルに弱いと思っている方」にDXについて考える時、「デジタル」という狭い知識は無くても、「業務」という広い知識があれば必要とする「発想」に結び付くことをお伝えしてきました。この章では、具体的にDXに取り組むにあたっての「手がかり」について一緒に考えてみたいと思います。

まず、「デジタルの力」ですが、筆者は以下のような点を挙げたいと思います。

1. 膨大な量のデータを、処理できる
ビッグデータなど、人手では考えられない量のデータを収集・分析できます。
インターネットを通じて、巨大なマーケットにコンタクトできます。

2. 距離を超越できる
どこに居ようが、オンラインですぐに繋がることができます。

3. 時間を超越できる
今後は、時間をかけて、人手でデータ処理を行うことは無意味になります。

4．複雑な論理も処理ができる
AIを使うことで、複雑な論理も簡単に処理できるようになります。

5．創造的になる
デジタルの力を駆使することで、複雑な問題に取り組み、効果的な解決策を見つけ出す能力が向上します。イノベーションへのアプローチも容易になります。

次に、DXに取り掛かる上で必要な、中心技術を見てみましょう。

◆AIって、何だろう

AIとは、Artificial Intelligence（アーティフィシャル・インテリジェンス）の略で、「人工知能」と一般に訳されます。従来のコンピュータとどこが異なるのでしょう？　筆者も、実務経験がある訳ではないので、読者と同じ目線で適用ケース（ユースケース）を考えてみました。近年、将棋界ではAIの発展が著しく、AIで実力を磨いた藤井聡太六冠が活躍しています。将棋AIの理屈は、過去における膨大な「棋譜データ」を読み込み、最適な一手と勝ち筋を選ぶということなのですが、なんとAIが考えるのは「6億通り」の手だそうです（ピンと来ませんが）。従来のコンピュータでは、「限られたデータを対象のINPUTとして、決められたロジックに従ったPROCESSを実行し、決められたOUTPUTを出力する」ものでした。しかし、ＡＩでは、過去の棋譜データ のような「膨大な量」のデータをINPUTとして、「ＡＩモデル」と呼ばれる「データを分析し推論を得るPROCESS」を構築（筆者が思うに「超高度なプログラム開発」）し、推論結果（将棋であれば、次の一手であり。更に、勝敗予想まで）をOUTPUTします。この「ＡＩモデル」の在り方や振る舞いが、そのＡＩシステムの性能であり、個性だと言えるでしょう。ＡＩは分析結果をもとにして、ＡＩ自体が人間の代わりに動き、結果を出してくれます。

さて、業務で活用するＡＩとは、どのように考えて取り組めば良いのでしょうか。ＡＩは「大量データ」から「推論結果」を生成すると上でお伝えしました。そして、そこで利用される「ＡＩモデル」とは、「超高度なプログラム開発」とお話ししました。「ＡＩモデル」とか言われるとチンプンカンプンですが、利用ケースで考えてみましょう。世間には、いろいろな専門家と呼ばれる方々がいます。株式の専門家は「株価」を、競馬の専門家は「勝ち馬」をそれぞれ「予測」しています。この「専門家」がＡＩに置き換わったと言えるでしょう。また、携帯カメラで写真を撮るときに、「顔」を認識する機能があります。これは、従来のコンピュータにはできませんでしたが、画像データと言う「非構造化データ」を解析するために、ＡＩに「顔の画像としての特徴」を学習させたのです。まとめてみると、以下のように言えそうです。

1. 株価や、勝ち馬のように、過去データの分析結果から、妥当な推定をしたい。（過去データの分析と推論）
2. 顔認証のように、画像データから対象部分を抜き出したい。（非構造化データの処理）

業務畑の方に向けたＡＩの本を2冊ご紹介します。
「文系ＡＩ人材になる―統計・プログラム知識は不要」 野口竜司（著） 東洋経済新報社発刊
「超実践！ＡＩ人材になる本―プログラミング知識ゼロでもＯＫ」 大西可奈子（監修） 学研プラス発刊

何れも、ＡＩの「使い方に焦点」を当てた技術書で、題にあるように「プログラム知識は不要」なので、是非、読んでみてください。

筆者は、最近評判のＡＩサービスChatGPTの学習を始め、驚嘆しました。読者の皆さんも、まだでしたら、是非、触れてみてください。ＡＩの凄さを肌で感じられます。

◆BIって、何だろう

Aの次なので、Bという訳ではありませんが、BIとはビジネスインテリジェンス（Business Intelligence）の略語です。その意味は、企業にある「膨大なデータ」をコンピュータで集約・分析し、その結果をビジネスにおける意思決定の場で活かそうとすることですが、従来と概念的に異なる点は、従来の「分析資料」は、概ね、バッチ作成資料（紙）でしたが、現代では、アジャイルな経営を支援するために、リアルタイムと言うことに重点が置かれているようです。

BIに特化した機能を持っているデジタルツールを「BIツール」と呼びます。大きく、4つの機能を備えています。

1．レポーティング機能（ダッシュボード機能）

飛行機のパイロット席にあるダッシュボードのお話しをしましたが、BIツールの分析結果を視覚的に分かりやすく表示してくれる機能です。Webレポーティングの他、PDF・Excel・Word・PowerPoint・CSVなどのファイル形式にも対応しているものが一般的です。

2．OLAP分析機能（多次元分析機能）

OLAPとはOnline Analytical Processing（オンライン分析処理）の略ですが、レポーティング機能の一部でもあります。また、基幹システム（ＥＲＰ）などに蓄積された分析用データベースからデータを取り出すなどの操作を行うことは専門的なスキルを必要とする作業ですが、ＢＩツールにより、専門的なスキルが無くてもデータの操作、分析を行うことができます。

3．データマイニング機能

データマイニング機能では、統計学やパターン認識、クロス分析・相関分析・回帰分析などの手法により、大量のデータの中から一定の法則性（パターンや予測など）を発見することができます。

4．プランニング機能（シミュレーション機能）

予算計画の立案時などに、蓄積された過去のデータをもとにシミュレーション・分析を行い、計画の根拠を求める機能です。ＢＩツールは、ＩＴ技術者ではなくとも、業務畑の担当者でも比較的容易に、こうした機能を操作することができます。

◆クラウド（Cloud）って、何だろう

Ａ、Ｂ、の次はＣになりました。「クラウド」です。正式にはクラウドコンピューティングですが、インターネットと言う領域内にあるハードウェアやアプリケーション、データを利用する形態のこ

とで、クラウド・サービス・プロバイダーによって、サービスが提供されます。反対に、システム構築に必要なサーバー機器などを自社で導入し、運用することを「オンプレミス」と呼びます。

有名なクラウドサービスには、Amazon Web Services（AWS）やMicrosoft Azure（Azure）、Google Cloud Platform（GCP）などがあります。

オンプレミスによるシステム設備の構築と比較すると、クラウドサービスの多くは、「従量制料金」制度であり、設備投資（償却）、運用コスト、などの大きな財務負担を伴いません。ハードウェアの更新負担なども発生しませんし、立ち上げ所要期間のスピードも、クラウドの大きな利点です。

ここまでお読み戴いて、最初にお伝えした「デジタルの力」について、イメージを持って戴けたでしょうか？　Ｉ

ＡＩとＢＩで、「膨大な量のデータ処理」、「複雑な論理の処理」そして「創造的になる」が実現できますし、Ｃのクラウドにより、「距離の超越」と「時間を超越」を実現できるのです。

3-2　DXに欠かせない三つの〝C〟

この章では、「デジタルトランスフォーメーション欠かせない三つの〝C〟」についてお話ししたいと思います。

三つの〝C〟とは以下の三つのことです。

1. コミュニケーション（Communication）
2. コネクション（Connection）
3. コラボレーション　（Collaboration）

コミュニケーションとは、「交流を図る」「意思を伝え合う」と言う意味で使われます。コネクションは、「繋がる」と言う意味です。また、異なる立場で、異なる業種や人が「共同作業」を行うことを「コラボレーションする」または「コラボする」などと表現していますね。

まず、コミュニケーションから考えてみたいと思います。

コミュニケーションは、人間が「集団生活」を行う上で必要不可欠なものですし、私たちが仕事をして行くために重要な要素です。デジタルトランスフォーメーションを考える上で重要なポイントは、「デジタル技術を用いて組織の生産性を飛躍的に向上させる」ことですが、そのために必要なことは「組織が利用できる最大の『知』」を集める必要があります。この集まった「知」を「集合知（Colle CT ive intelligence）」と言います。「三人寄れば文殊の知恵」ですね。企業にとって、この集合知の源泉となる場所・集団として、最初に考えるのは「社員」になるので、社員間のコミュニケーションを改善して社内集合知のレベルを上げようと言うのは極めて自然で有効です。

しかし、現実問題として社内のコミュニケーションが上手くいっていないと言う話しはよく耳にしますが、本書では一般論で語られる「コミュニケーションの改善」は採り上げません。あくまで、デジタルトランスフォーメーションに関する立場からお話ししたいと思います。

コミュニケーションの要素の一つとして「共通言語」と言う概念があります。日本語を話す人と英語を話す人が、初対面でいきなりコミュニケーションを取ることは困難でしょう。しかし、双方に「通じ合いたい」と言う強い思いがあれば、身振り手振りを使ってでもコミュニケーションを取ろうとするでしょう。例えば、7～8世紀にイスラムの商人は言語の壁を乗り越えてインドやアフリカなどに商圏を広げています。「儲けたい。」と言う商人の意思の強さを感じさせるエピソードですね。では、企業内でのコミュニケーションはどうでしょうか。営業部の人と工場の人の間を考えてみましょう。営業の人は、「売上」が一番大切でしょう。工場の人は「原価率」かも知れません。この二人の間でコミュニケーションは成り立つでしょうか。大切なことが異なっていれば「難しい」と考えるのが一般的でしょう。しかし、この二人に「顧客への納品リードタイムの短縮」と言うテーマを投げるとどうなるでしょうか。二人の間に「共通のテーマ」ができました。これが、上で言うところの「共通言語」です。

「ビジネスプロセス」は、全社的に張り巡らされた「業務のネットワーク」に相当します。もうお分かりだと思いますが、全社員は、企業全体のビジネスプロセスのうちの何らかの働きを担っており、関連するビジネスプロセスを共通言語として、コミュニケーションを活発化し、「ビジネスプロセス・マネジメント」を通じて、協力関係の下で業務改善に知恵を絞ることは「全社的集合知」の形成に極めて有効なのです。ビジネスプロセス・マネジメントに取り組んだ「株式会社MonotaRO」の活動においても「可視化の成果を活用するために行ったことは、各部門の業務をお互いに理解するためのセッションの開催です。」（出典：「Process Visionary デジタル時代のプロセス変革リーダー」山本政樹，大井 悠（著））とある通り、部門をまたいだセッション（コミュニケーション）によりビジネスプロセスの共有が行われています。

二番目のコネクションですが、経済産業省は「製造基盤白書（ものづくり白書）２０１８年版第１部第１章第３節 価値創出に向けた Conne CT ed Industries の推進」の中で、次のように発信しています。

"Conne CT ed Industries"とは、データを介して、機械、技術、人など様々なものがつながることで、新たな付加価値創出と社会課題の解決を目指す産業のあり方である。モノとモノがつながるIoTによる付加価値だけではなく、人と機械・システムの協働・共創による付加価値、技術が人とつながることで人の知恵・創意がさらに引き出される付加価値、さらには、国境を越えて企業と企業がつながることによる付加価値、世代を超えて人と人がつながることで技能や知恵を継承する付加価値など、様々なつながりによる価値創出が実現する産業の姿を目指すことをコンセプトとしている。その際、我が国の強みである高い「技術力」や高度な「現場力」を活かした「ソリューション志向」で新たな産業社会を目指すこと、さらには、現場を熟知する知見に裏付けられた臨機応変な課題解決力や継続的なカイゼン活動などを活かせる"人間本位"の産業社会を創り上げていくことが重要となる。

簡単に言うと、デジタルを使ってヒト・モノ・情報を何でもつないでイノベーションを起こしましょうと言う活動を国も推進しようとしているのです。

"Connected Industries"の具体例としては、以下のようなものが上げられます。
・遠隔で行える設備稼働監視（※）
・離れた工場や拠点間コミュニケーション
・モバイル端末を使った作業日報・帳票の合理化
・ワイヤレスセンシングの活用
・ウェアラブル端末の活用

（※）最近では、1台1万円ほどのRaspberry Pi（ラズベリーパイ）と言う、超小型で廉価なパソコンにセンサーなどを組み合わせて、工場での設備稼働監視なども注目されています。

コネクションを達成するためには、個々の技術もさることながら、基盤技術である「データベース」や「クラウド」と言った技術も必要になります。

最後に「コラボレーション」ですが、上で「異なる立場で、異なる業種や人が「共同作業」を行うこと」と述べました。いろいろな所で「産官学共同事業」や「ITと医療の共同研究」などの情報が流れて来ます。ある意味で、コラボレーションとはコミュニケーションやコネクションの延長線上にあると言えます。社内であれ、社外であれ、コラボレーションをするには「お相手」が必要ですが、お相手を見つけるには両者が「何を求めているのか？」あるいは「何をしているのか？」を知りあうことが必要です。そのためは、両者が「情報を発信」して「出会い」に結び付ける訳ですが、現代では「情報」は「データ」である必要があります。どんなに立派な「情報」であっても「紙に印刷してある媒体」では発信のしようがありません。社内の活動であれば、「対面での会話による発信」もあるでしょうが、データ化して社内のデジタルツールで発信できればスピードも広がりも違います。また、対外的にはデータ化ができていれば「インターネット」と言う「巨大なネットワークに発信でき、無限の「出会いの可能性」があると言っても過言ではないと感じられます。その為には、まず、自社がデジタライズされ情報の「データ化」が進んでいる必要があります。

現代において、コラボレーションは、イノベーションを起こすための有効且つ重要な手段と考えられています。「ＩＴと医療」のコラボレーションなどはその良い事例だと思いますが、自分の身に置き換えて考えて戴きたいのですが、デジタル化のレベルが低く「鈍速」な相手とコラボレーションしたいとお考えになりますか？　こんな事例があります。あるＩＴベンチャー企業が眼科における画像認識システムを企画して、ある病院と提携したが、病院側のＤＸリテラシーが低く検討が発散してまとまらず、グズグズしている間に海外の競合他社に負けてしまったのだそうです。これだけの情報では、原因の所在がすべて病院側にあったと言っていいのか判断できませんが、言えることは、双方が然るべき「デジタル水準」に達していないと、現代では競争に打ち勝つことができないと言うことだと思います。自社がコラボレーションのお相手に選ばれるためにも「デジタルに弱い」ことは許されません。

因みに、後でご紹介する今野製作所さまでは以下の活動を展開しておられます。

企業連携の「つながる町工場推進プロジェクト」をスタート

こうした社内での成果を踏まえて、東京エリアのものづくり中小企業3社がIoTで連携し、人材育成や技術力の向上などを目指す、新しい取り組みがスタートした。足立区の今野製作所と、江戸川区の2社、筐体板金を得意とするエー・アイ・エス（代表石岡和紘氏）と切削と板金・溶接の複合加工の西川精機製作所（代表西川喜久氏）の合計3社による「つながる町工場推進プロジェクト」である。

中小企業向けのIoTプラットフォームを利用して専門家の助けを借りて自社開発したシステムにより、引き合いや見積もりの連携や、工程進捗状況の連携が可能になった。

（出典：東京都中小企業振興公社のデジタル化推進ポータルHP　2018/6/29）

---

https://iot-robot.jp/case/konno/

現代では、電話やメールに代わって手軽に情報共有が可能なコミュニケーションツールとして、チャット、通話、オンライン会議、ファイル共有機能、社内ＳＮＳ、タスク管理、バーチャルオフィスなどさまざまな機能のものがあります。いずれもコミュニケーションの向上のために有効なサービスだと思いますが、「導入の目的」を明確にしないと宝の持ち腐れに陥る恐れがあります。上でお伝えしたテーマも踏まえて社内を見直し、機能に惑わされず、「目的と施策」を明確にした上で「導入効果の測定」まで怠りなく取り組んでください。

大手企業によるコラボレーションの事例として、ホンダが挙げられます。ホンダは、本田宗一郎氏の「ＤＮＡ」を継承し「技術至上主義」や「自主独立」などの道を歩み「孤高のホンダ」と呼ばれていたのですが、自動車業界のトレンドである電動化や自動運転、コネクテッド技術など、新しい分野において、他社に後れることなく、単独で対応していくのは不可能であると判断。１００年に1度とされる自動車業界の変革と危機感に背中を押される形で、他社との連携にオープンになりつつあります。

（参考：日刊自動車新聞電子版2020.10.20　https://www.netdenjd.com/articles/-/239464?page=1）

3-3　DXをどう進めれば良いのか？

これまでの内容で「デジタルに弱い」と思っている皆さんにも、デジタルトランスフォーメーションへの取り組みが身近に感じられたのではないでしょうか。この章では、「デジタルトランスフォーメーションをどう進めれば良いのか？」について、いろいろな立場から考えてみたいと思います。

いろいろな立場とは、以下の通りです。

1. 経営者（リーダー）
2. 役員（会）
3. 経営企画部門
4. 現業部門（部長）
5. ＩＴ部門

1. 経営者の立場について考える

本書の執筆中にショッキングな記事を見つけました。日経クロステックによる経済産業省所管の独立行政法人「情報処理推進機構（IPA）」理事長富田達夫氏へのインタビューです。

（https://xtech.nikkei.com/atcl/nxt/column/18/00677/020800129/　2023.03.16）

「企業経営者のITリテラシー、どう高める？　IPA富田理事長が抱く危機感と打開策とは」（以下抜粋）

一言で言えば「経営者が勉強しない」ことへの危機感です。私も企業経営に携わりましたが、多くの企業経営者は毎年業績の数字を問われて会議に奔走し、夜は宴会、土日はゴルフといった生活で、学ぶ時間がほとんどありません。ソフトバンクグループ会長の孫正義さんのようなトップ級の経営者と話すとさすが勉強されていると感じますが、こうした経営者は残念ながら日本には少ない。

今、企業はまさにトランスフォーメーションを起こさなくてはいけません。単に計算機を入れればよかった時代ではなく、今はデジタルをどう使っていくかが問われる時代。経営者にこそITのリテラシーが求められます。

＝＝＝

何も高度な専門教育を求めている訳ではありません。今は分かりやすくて経営者が勉強するのにふさわしい本がいくらでもあります。ほんのちょっと朝早く会社に来て、メール整理の前に読むなどして、デジタルやセキュリティーを概念としてではなく、リアルに分かってくるような勉強をしてもらいたい。

東京都立大学教授松田千恵子氏も、「昭和の時代の日本では、（中略）ドメスティックな枠組みの中でオペレーショナル・エクセレンスを発揮した人が出世する構図です。現在求められる意味でのマネジメントなど必要なかったのです」と仰っています。

筆者は既に現役を引退していますが、昔、ご一緒した多くの「経営者」がおられました。皆さん立派な方で、それぞれのキャリアの中で輝く実績を残した方々でした。しかし、優秀な皆さんだったのですが、確かにデジタルについては得意な方は少なかったかなと思います。でも、それは「触れる」あるいは「経験する」機会が少なかったためとも言えます。と言うのは、日本の企業文化の中で「ＩＴ」がどう言う存在だったのか考えてみてください。筆者の世代は、若いときに（幸運にも）「コンピュータは先端業務」と考えられていましたが、その後の数十年間、日本の経済は保守的になりＩＴ投資に対しても経営としてシュリンクせざるを得なかった時代が続いたのです。そういう時代に経営者の椅子に座ってＩＴを考えても（例えば）株主から評価を得られたでしょうか。筆者もある上場会社の財務部長の立場で証券取引所での決算短信発表などを経験しましたが、株主もＩＴに関心は持っていなかったと感じています。ここに来て、俄かに「デジタルトランスフォーメーション」が叫ばれ、ネット上でも、コンサルタントやＩＴベンダーなどによる「ＤＸ」を訴えるサイトが激増しているのです。

とは言え、経営者も「突きつけられた課題」に対応しなければならないのも事実です。しかし、富田理事長が仰るように「今は分かりやすくて経営者が勉強するのにふさわしい本がいくらでもあります。ほんのちょっと朝早く会社に来て・・・」ではないと思います。経営者レベルの「勉強」は組織を上げての勉強にすべきです。と言うのは、この機会に経営者による組織的な「デジタルトランスフォーメーション」や「組織変革」でのリーダーシップを期待するからで、個人的な「狭い」勉強ではなく組織的な「広い」勉強を企画し「全社的」に「社長が動いている」と知らしめて欲しいのです。よく耳にする、経営者が「ＤＸはＩＴ部門に考えさせればいい」であるとか、「ＡＩを使って何か考えろ」と言うような取り敢えずの「玉」を投げる「近視眼的」な対応をして欲しくないのです。

「デジタルに弱い」は、恥ずべきことではありません。今から、勉強して「感覚」を養ってください。そして、部下・社員が「社長に遅れるな」と思うような活動に発展させてください。「全社に広げる力」は、何と言っても「経営者」に勝るものはないのですから。

2. 役員（会）の立場について考える

筆者から、役員（会）の皆さんにお願いしたいことは、「ＤＸ活動に参画し、リーダーシップを発揮する」ことです。具体的には、「総論賛成・各論反対」「本音と建前」「事なかれ主義」「縦割り組織（セクショナリズム）」などの排除による「ＤＸ推進エンジン」としての行動です。

「自分はデジタルに弱い」と考えてしまうと、役員会などの場で、ＤＸについて発言することが憚られるかも知れません。役員の中には、殆どのケースで「デジタル（あるいはＩＴ）担当役員」がおられるでしょう。例えば、デジタル担当役員からＤＸについて話しが出ても、「よく分からない」とか「自分の担当ではない」などと「食わず嫌い」をして戴きたくないのです。ＤＸにおいては、各部門担当役員の足並みが揃っていることが非常に重要です。勿論、ＤＸはデジタル担当役員だけでできるものではありません。

逆に、「ワンマン社長」がＤＸについて理解が無いときには、役員会が一丸となって、協働し、「説得」にあたる必要が生じるかも知れません。

どうか、ＤＸを「自分事」と考えると共に、役員（会）が「横の連携」をしっかり取って、「ＤＸ推進エンジン」の役割を果たしてくださることを切に願います。

3. 経営企画部門の立場について考える

経営企画部とは、どうやら、日本に特徴的な組織のようです。それは、脇に置いておいて・・・。

経営企画部が担っている業務分野は、実に広大です。

・新規事業開発
・M&A
・予算編成
・コンプライアンス
・CSR
・グローバル展開
・提携先開拓
・組織再編
・グループ・関係企業管理
・コーポレートガバナンス
・株主総会・取締役会の事務局・司会進行
・中長期経営計画、短期予算計画の立案

などですが、筆者は大きく4つの分野に分けられると考えます。

（1）企業全体の状況を把握し、外部（行政機関、株主など）へ伝える業務

（2）企業の経営計画を立案し、各部門の行動をコントロールする業務
（3）企業全体のテーマだが、プロジェクトとして実行する業務
（4）経営施策の全体最適と部分最適を調整する業務

デジタル分野において、巷でよく耳にする、「システム開発をＩＴ部門が担うか、経営企画が担うか？」と言う議論なのですが、「システム開発」と言ってしまうと、プロジェクト単位でステークホルダーが変わり、このような議論は方向が違っているように感じますが、ＤＸについては経営企画部マターだとハッキリ感じます。上記４つの分野の内の第４番です。

本書を通じて、筆者が訴えて来たポイントは、ビジネスプロセス・マネジメントを通じて各部門の業務プロセス を最適化し、ひいては、組織全体の業務プロセス を最適化することです。当然、それと併行して、部門業績（部門に投げたKPI）と、全社業績（KGI）とのリンケージを確保した、新たな評価体系も必要になります。部分最適と全体最適をシンクロさせることは経験的に非常に困難な課題ですが、経営企画部は、既に述べた「経営者」（全体統括者）と「役員（会）」（部門統括者）の調和を図りながら、新時代のＤＸを推進することができる、唯一の組織だと考えます。１点だけ、繰り返しになりますが、ＤＸは一過性のプロジェクトではなく、将来的に各部門における「通常業務」として組織に、実装して戴きたいです。

経営企画部の活動については、「経営を強くする戦略経営企画」株式会社日本総合研究所 経営企画機能研究チーム著 日本能率協会マネジメントセンター出版、と言う良著があります。ＤＸを念頭に置いて、読んで戴ければ必ず参考になると思います。

4．現業部門（部長）立場について考える

各現業部門の長の皆さんは、これまで、ご自身の業績をどのような尺度で評価して来られたのでしょうか？ 評価には、「業績評価」と「プロセス評価」の二つの軸があります。日本の企業では、従来、業績評価が主で、プロセス評価はスポットライトを浴びて来ませんでしたが、近年では、組織評価でも人事評価においても、プロセス評価が注目されています。業績評価は、当該評価期間における業績（主として、財務計数）に着目しますが、プロセス評価では業務遂行プロセスに着目します。理由としては、業績評価は「結果」の評価で、プロセス評価は「過程」の評価になるからです。プロセス評価では「再現性」を意識しています。「結果オーライ」がないと言うことです。再現性については、マクドナルドの創業逸話が参考になります。

ファーストフード店の代表格であるマクドナルドですが、1948年、アメリカ・カリフォルニア州でマクドナルド兄弟が始めた店がマクドナルドの原点で、調理を分業化することでスピーディーなサービスのシステムを確立しました。現在のファーストフードの原型を作り上げたのです。この人気店をフランチャイズとして成長させたのが、レイ・クロックですが、クロックはマクドナルド兄弟による効率化された調理システムに興味を持ち、フランチャイズ権を獲得し、1955年4月にイリノイ州デスプレーンズに最初のフランチャイズ店を出店したのでした。以来、50年以上に亘って、世界のどこでも品質の安定した、ハンバーガーが売られています。

最近の、起業コンサルタントが着目している点も、この「再現性」で、あるコンサルタントは「世界で成功した起業家のプロセスを指導する。プロセスには特許がない」と宣伝していました。

各現業部門の長の皆さんに、是非ともご理解戴きたいことは、DX時代における業務では「勘・経験」ではなく、「誰がやっても同じ結果が生まれるプロセスを開発し、定着させる」ことが重要です。

では、DX政策の一環として現業部門（部長）は何を考えないといけないのか・・・ですが、自部門における業務プロセスを「すべて」洗い出し、見える化することです。部門全体のモデルから一担当者（パートを含む）に至るまで、すべてを把握します。「そんなことは大変でできない。」と悲鳴が聞こえそうですが、何も一朝一夕にやれと言っている訳でも、プロジェクト形式で一気にやれと言っている訳でもありません。「誰がやっても同じ結果が生まれるプロセスを開発し、定着させる」ために、モデル化し、マニュアル化することが、企業の明日を作る上で重要な事業あることを認識して、「日常業務に落とし込み、日々それを参照する組織文化を作る」ことをなのです。勿論、教育の問題もあるでしょうし、体制の問題もあると思います。それらの課題は、経営者、役員（会等と真剣に議論してください。日本の優秀な「現場」であれば、必ずできます。

5．ＩＴ部門の立場について考える

「これからの情報システム部門は、ＩＴにより既存の業務プロセスを変革する役割が求められている」これは、あるＩＴ系サイトからの一文ですが、ここにＩＴ部門に対する最近の「期待」が詰まっているように感じます。要するに、「ＩＴ部門は業務部門にまで、積極的に関与しなさい」と言っている訳で、大手企業の元ＣＩＯの方も含めて同様の希望を述べておられます。しかし、これは一定以上の規模と技術水準を有するＩＴ部門のケースであり、筆者としては全面的には賛成できません。

一口に「ＩＴ部門」と言っても、そもそもの企業サイズ、ＩＴ部門の人員数、これまでに担ってきた役割などが、バラバラで一括りにはできないと思うからです。筆者が経験した、メガバンクのＩＴ部門には何千人もの担当者がいましたし、また出向した従業員１００名程の会社では、ＩＴ部門は3～4人で、システムの保守に専念し、アプリケーション開発までは体力的にも、技術的にもできませんでした。故に、筆者としてはＩＴ部門の業務への歩み寄り以上に、業務部門のＩＴへの歩み寄りを勧奨したいと思います。

第4章

DXの分析

4-1　DXとビジネス・アナリシス

２０００年頃にシステム開発の失敗の多くが業務側の要求の不確かさに起因することが多かったことから「ビジネス・アナリシス（業務分析）」が注目されたことはすでにお伝えしました。この、ビジネス・アナリシスの普及を目指して独立非営利団体IIBA®（International Institute of Business Analysis®）が２００３年10月にカナダトロントにて設立されました。（IIBA®日本支部は、２００８年12月に発足。45か国以上に広がっている）IIBAの活動成果として有名な「ビジネスアナリシス知識体系ガイド（A Guide to the Business Analysis Body of Knowledge：BABOK）」の初版が２００５年1月に発刊され、２０１５年4月に最新版の３・０版が発刊されています。

日本では２００９年12月にBABOK2.0日本語版が発刊された後、一時評判になり筆者もセミナーへ参加しましたが、日本では大きな盛り上がりには繋がらなかったように感じられます。その原因は筆者の個人的意見ですが、①日本企業における業務分析への重要さの認識が盛り上がらなかった、②BABOKは知識体系として「何を（What）」について書いて（列挙して）いるが、日本人の好きな「ハウツー（How to）もの」ではないことから実務に取り入れにくかった、の辺りだったのではないかと感じています。

海外では、こうしてビジネス・アナリシスへの関心が深まりビジネス・アナリシスを専門とする「ビジネス・アナリスト」と呼ばれる職業が誕生しました。ビジネス・アナリシスが２０００年頃にＩＴプロジェクトの失敗の反省から生まれたものと既にお話ししましたが、BABOKも当初はＩＴ色の濃いものでした。しかし、ＩＴプロジェクトの成功だけが「経営の要求」ではない、との認識が広まり２０１５年発刊の第3版では、「経営上の価値」を求める活動に視野を広げています。

BABOKについてDIGITAL X編集長　志度氏は以下のように言っておられます。

様々に変化する経営環境にあって、経営者や事業部門などが抱える課題に対し、最も価値が高い仕組みを提供することで、企業としての成長をうながすことである。価値が高い仕組みは当然ながらＩＴを前提にしたものになるが、仕組みの立案・構築そのものは手段であり、あくまでも企業が成長することが最終目標だ。

（DIGITAL X編集長　志度昌宏氏　２０１５年4月28日　IT Leadersのブログ）

と言うことで、ビジネス・アナリストは業務の可視化、分析、設計などを行う専門家です。例えば、企業が情報システムを導入する際の業務設計や、効率化を目指した現状調査と課題分析などが

（出典：「Process Visionary デジタル時代のプロセス変革リーダー」山本政樹，大井 悠（著））

ビジネス・アナリストのタイプ	主な領域とスキル
ビジネス・システムアナリスト（ＩＴ中心）	ソフトウェア開発の知見を有し、データモデリングスキルなどを駆使してビジネス・アナリシスを実行する
ファンクショナル・ビジネスアナリスト（業務中心）	担当業務領域に特化したビジネスプロセスや規制・慣行等への深い理解を有し、その側面からソリューションを策定。
プロダクトアナリスト（マーケティング中心）	市場動向や顧客期待を理解するためのマーケティング関連のテクニックを有し、ビジネスモデル立案の側面からアナリシスを行う。
エンタープライズ・ビジネスアナリスト（経営中心）	自社の各業務機能を横断した幅広い知識を有し、ビジネスプロセス全体を理解すると共に、ＩＴソリューションを含めた幅広い知見を有する。
ビジネスアーキテクト（製品中心）	自社の製品やサービスの強み、顧客の期待といった自社事業戦略を理解し、事業構造管理の方法論（ビジネスアーキテクチャ）を有する。
ビジネスインテリジェンス・アナリスト（データ中心）	ビッグデータ等の統計的・数理的な知見を有し、データから改善点やソリューションを見つけ出す。
ハイブリッド・ビジネスアナリスト（特定ソリューション中心）	特定のソリューションの高度なスキルおよびそのソリューションが適用される業務領域の知識を有し、アナリシスからソリューション導入までを担う。

典型的な仕事になります。

ビジネス・アナリストは日本では馴染のない職業と言えますが、各自のバックグランドによりその性格が異なります。どのようなタイプがあるのか見てみましょう。

横文字が並んでいるので少々分かりにくいかも知れませんが、整理してみるとビジネス・アナリストのバックグランドは以下のようにまとめられると思います。

1．それぞれ、専門分野を持っている
（1）ソフトウェア開発・データモデリングなどＩＴ技術に通じている
（2）担当業務のビジネスプロセスやビジネスルールを熟知している
（3）自社の製品やサービスに深い知見を有する
（4）マーケティングに強い

（5）経営企画の知見を有する
2．専門分野の知見から「変革」をプランできる
3．解決のための手段の一つとしてＩＴの知見を有する

期待されることは、企業経営における「変革」の実現のために、「業務」と「ＩＴ」を繋げられる人材だと言えます。以下に、アサヒグループのビジネス・アナリスト育成に関する記事を一部ご紹介します。

●アサヒグループHD、ビジネスとデータ分析つなぐビジネスアナリストの育成を推進
同社ではビジネスアナリストを「事業会社が抱える課題を深く理解した上で、分析仮説を立案。目的に合わせてデータサイエンティストやデータエンジニアと会話をする事業担当と分析者の〝繋ぎ〟の役割を果たす人材」に位置付け、２０２１年に２５０人程度を育成する計画だ。
（出典：DIGITAL X 編集部　ブログ　２０２１年5月14日）

しかし、ここまで聞いたところで皆さんも疑問を持たれたと思います。「ビジネス・アナリストの具体的な仕事って、何？」、「プロジェクト期間中だけの仕事？」、「通常業務にした時、毎日仕事

が有るの？」」。特に、経営層の方々には、これらの疑問が湧くと思います。筆者も同様に考えます。

ここで大切なポイントは、ビジネス・アナリストと言う「ポジション」を作るのではなく「ビジネス・アナリシス」と言う「業務」を果たすことができる組織と人材を育てることだと思います。

ここで、二つの事例をご紹介します。

ケース１　社員数７００名（単独）の「株式会社MonotaRO」

株式会社MonotaRO

間接資材通信販売大手の株式会社MonotaRO（以降MonotaRO）は近年急成長している企業です。MonotaROは規模が急拡大する中でも、社員が自社のビジネスプロセス全体を理解した上で業務改善を推進できる体制を目指して、各種の取り組みを行っています。

＝＝＝

私たちＢＰＭ推進室の役割はMonotaROの社員が自分の業務の目的をしっかりと理解した上で、自律的に業務改善を行っていくための基盤や教育を提供することです。

＝＝＝

業務理解と改善の基盤作りとしてまず取り組んだのが、全社の業務可視化です。取り組みの目的は社員自身が自社のプロセスを理解することですから、業務フローは各部門の担当者に描いてもらうこととしました。

それから各プロセスオーナーとBPM推進室で、業務フローを作成するためのセッションを行いました。まず、BPM推進室も一緒にホワイトボードに付箋を貼りながら業務の手順を確認します。棚卸したプロセスの数、つまり業務フローの数は全社で500近くあります。

＝＝＝

この取り組みは2016年頃からはじめて、二年ほどでその大半を作成することができました。

＝＝＝

業務フローからは業務の手順しか分かりませんから、その業務の目的は何か、KPI（重要業績評価指標）は何かといった業務の定義づけの作業を並行して行っています。また、各業務に誰が、どれくらい時間をかけているのかという業務時間を計測する取り組みも行っています。

（出典：「Process Visionary デジタル時代のプロセス変革リーダー」山本政樹、大井悠（著））

ケース2　社員数40名弱の「今野製作所」

同社は、「中小企業IT経営力大賞」（経産省、2012）、「つながるものづくりアワード2016」（IVI、2016）、「地域未来牽引企業」（経産省、2018）といった多くの賞を受賞し、

２０１８年度「ものづくり白書」では中小製造業におけるＩＴ活用の先進事例として紹介されています。

今野製作所は1961年に東京都北区で創業。板金加工を軸に、主に医療理化学の分野で使われるステンレス製品を手がけてきた。一方、１９７６年には油圧爪つきジャッキ「EAGLE」の販売を開始。

＝＝＝

油圧機器と板金加工の2つの事業を柱に順調に売上をのばしてきた同社だが、やがて危機が訪れる。２００８年のリーマンショックだ。とくに定番品の油圧機器が大ダメージを受け、２００９年の売上は45％も落ち込んだ。

＝＝＝

今野浩好社長（2代目）は方針を変えた。油圧機器事業の「特注品」に力を入れ、もともと個別受注生産だった板金事業との相乗効果を狙ったのだ。

＝＝＝

すると、ニーズはあちこちで見つかり、仕事は増えた。個別ニーズ対応の戦略はうまくいったように見えた。しかし、今度はまったく予期していなかった問題が起きた。２０１０年頃になり、とたんに忙しくなってきたのだ。売上がのびている訳でもないのに、社員が毎日のように遅くまで残業をしている。「最初は

何が起きているのかわかりませんでした」と今野社長は振り返る。

＝＝＝

発端は、特注品の対応が増えたことにあった。特注品の場合、決まった作業を繰り返すだけではないので、業務は複雑になる。そのうえ、見積もりの回数も増えるため、マスター登録していない製品がたくさんあり、出荷はしているのに伝票が発行されておらず、顧客から「請求書はいつくるの？」と言われる事態に何度も見舞われた。

＝＝＝

「このままだと会社はつぶれてしまうかもしれない」。途方にくれた今野社長はある日、知人の中小企業診断士やＩＴコーディネーターに会社の現状を打ち明けた。そこで、紹介されたのが「バリューチェーンプロセス協議会（VCPC）（注１）」だった。

VCPCが提唱する「プロセス参照モデル」はレベル１～４までの階層ごとにビジネスプロセスの調査や分析を行う手法である。この手法を用い、「業務の見える化」を行えば、今野製作所の混沌とした業務状況を改善できるかもしれない。今野社長は決断した。

＝＝＝

「月１回、専門家の方と会議を行い、それぞれの業務で何が問題になっているのか、『プロセス参照モデル』（注

２）に沿って課題の洗い出しをしました。また、社員には専門家の方から個別にヒアリングを行いました。そうした活動を１年かけて徹底的にやりました」（今野社長）

＝＝＝

最初のターゲットは営業だった。営業は、顧客から要件を聞き出し、案件が走り出すスタートの部分だ。ところが、「業務の見える化」を進めていくと、そのスタートが既におかしいことがわかった。

＝＝＝

たとえば、顧客から受注が決まり、設計がすでに走り出しているのに、その商品の製造に必要な部品の手配がされていないということが多々あった。突き詰めていくと、「営業マンが一人でやっていた」ことに原因が絞られてきた。

（出典：　尾崎 太一　技術・科学系ライター、IoT NEWS　ブログ　2019-02-14）

https://iotnews.jp/manufacturing/115479/

（注１）バリューチェーンプロセス協議会

有志によるワーキンググループ活動を通じて、そのための道具であるプロセス参照モデルの研究・製作・普及を行い、企業や組織、個人の役に立てるよう取り組んでいるＮＰＯ。

https://vcpc.org/

（注２）ここで紹介されている「プロセス参照モデル」とは、見える化作業を始める時に、ともす

ると「描き方が分からない」「手の付け方が分からない」「図のイメージが湧かない」などの関門にぶつかることがあるため、標準的な構造のビジネスプロセスのサンプルを準備し、お手本として参照できるようにしたものです。

上にご紹介した2社は規模の差はあれ、何れも前出の「ビジネスプロセス・マネジメント」の実行、つまりビジネス・アナリシスによって成果を収めた事例ですが、こうした諸活動は、「システム開発での要件定義」や「QC活動のリーダー」「業務マニュアルの編集」などの経験者で、これまで社内で敢えて「専門家」と呼んではいないけれど「実務に詳しい業務畑の人」であれば、少し教育や経験を積んで要領を掴めばできるようになると思います。しかし、上に列挙した分析業務は社内での「技量・経験」として評価されているでしょうか。「通常業務に乗っけられるお荷物」と思われてはいないでしょうか。ビジネス・アナリシス（業務分析）を「業務の重要なカテゴリー」と認識する、つまりは経営計画に盛るテーマにする必要があります。

組織対応も重要です。一般的に、「縦割り」に作られているのが「組織」ですが、この分野においては「横断的組織」が求められます。例えば、「販売プロセス改善」と言ってもそのプロセスは①営業部門が受注する、②製造部門で生産する、③倉庫部門で保管する、④配送部門が納品する、と4部門が連続的に活動していて、各部門が単独で対応することはできず、組織横断的にそれぞれの部門の専門家による協力体制が必要になるからです。また、この事は各部門および担当者に対する「業績評価」をどのように行うかに繋がって来るため、高度に「経営的な」課題になります。

さて、デジタルトランスフォーメーションとビジネス・アナリシスの関連ですが、第1章で「アマゾンのジェフ・ベゾス氏はビジターの行動データを蓄積、リアルタイムで分析することで消費者を理解し、販売に役立てようとした」とお伝えしました。これはマーケティングにおけるデジタルによるアナリシスです。マーケティングの他にも、財務分析、業務プロセス分析はじめ生産性分析など、企業を取り巻く「分析（アナリシス）」は多方面に亘ります。現代の目まぐるしい環境変化に対応するために自社の状態を継続的にリアルタイムで把握し、アジャイルに対策を講じるためにデジタルによる「分析（アナリシス）」を用いて組織の底上げを図ることはデジタルトランスフォーメーションの前提として避けては通れません。

4-2 新潮流、DXとインタンジブル

ここまで、「デジタルは弱くて」と仰っている、経営層や業務畑の皆さんにデジタルを担う上で必要なことは、「業務に通じること」だとお伝えしてきました。その趣旨は変わらないのですが、この章では違う切り口から「デジタルトランスフォーメーション」と「インタンジブル・アセット（無形資産）」について掘り下げてみたいと思います。

株価の指標の一つに、「BPS（Book-value Per Share）」があり「1株当たり純資産」を指しています。この値は、財務諸表の貸借対照表の純資産額（簿価）を、発行済み株数で割った値です。純資産は、会社が解散して、資産を分けた場合に株主に分配される資産（金額）であるため「解散価値」とも呼ばれています。

株式の現在価額（current price）と、上記BPSの比率を「PBR／Price Book-value Ratio（株価純資産倍率）」と呼びます。PBRとは、株価が1株当たり純資産の何倍まで買われているか、すなわち1株当たり純資産の何倍の値段が付けられているかを見る投資尺度です。因みに、Apple

社の2023年4月27日現在のPBRは、51・3倍でした。これは、Apple社の将来の企業価値は、現在の貸借対照表に表れている純資産×51・3倍まで期待できると投資家が判断しているとなります。

将来価値＝現在の純資産（＝1）＋増加する期待価値（＝50・3）と言うことになります。因みに、トヨタのPBRは1・2倍程度です。

この「期待価値」とは、どこから発生しているのでしょうか？

純資産は、貸借対照表に乗っている、つまり「数字にできる」「目に見える」資産（簿価）と言うことで、「有形資産（Tangible Asset）」と呼ばれます。期待価値は、株価には反映されているが「数字で表現できない」「目に見えない」資産と言うことで「無形資産（Intangible Asset）」と呼ばれ、最近の流れとして、英語から「インタンジブル」と一般的には表現されているようです。

企業買収においては、「買収価額―簿価」を「のれん（Goodwill）」と呼びますが、インタンジブルと内容的には、同じになります。

インタンジブルが、どんなものから構成されているかと言うと、ブランド、特許、コンテンツ、研究開発、従業員や経営者の能力、業務フローの効率性などと言われますが、要するに「将来の収益を稼ぎだす源や力」のことです。（特許権などのように資産計上＋減価償却の対象となる場合もあります。)

IT導入の経済効果について、アメリカで1990年代のはじめまでは否定的な見解が多かったのですが、90年代半ば以降には、ITの活用度(=従業員1人当たりのIT投資額)と企業の生産性には重要な相関関係あることを示すデータがレポートされて、IT導入効果に関する研究が盛んになりました。その過程の中で注目されたのが「インタンジブル」で、「財の生産やサービスの提供に貢献し、長期的には将来の経済的便益を生み出すと期待される」とされました。但し、これはあくまで統計的な推論であり、数字で実証されたものではありません。なぜならば、インタンジブルとは「目に見えない無形資産」であるので数字では計測できないのです。

IT生産性研究の世界への貢献で知られているエリック・ブリニョルフソン教授(※)は、多くの先進企業について「IT投資と生産性」の関係に注目した、統計的な手法による広範な調査を行い、次のように結論付けています。

(※) MIT(マサチューセッツ工科大学)教授(2004年当時)2023年現在スタンフォード大学教授。ITと生産性の相関に関する研究の第一人者であり、クリントン政権の〝IT政策特別チーム〟において、中心的な役割を果たした。(出典：「インタンジブル・アセット──「IT投資と生産性」相関の原理」ダイアモンド社の著者紹介より、筆者が編集)

1. リーダー企業は、後れを取った企業よりIT投資に積極的であり、効果的にITの可能性を享受した。
2. リーダー企業は、「デジタル組織」と呼ぶべき「業務パターン」を採用していた。その共通点は以下の通り。
(1) アナログからデジタルへビジネスプロセスを移行している。
(2) 権限を委譲し、決定権を分散している。
(3) 社内の情報アクセスを促進し「情報共有」を行っている。
(4) 成果による人事評価を行っている。
(5) 事業を少数の主力商品に絞り込んでいる。
(6) 優秀な人材を採用している。
3. リーダー企業は、IT投資とデジタル組織を連携により高い市場価値を獲得している。
(教授は、「中途半端に新しいシステムを採用するより何もしない方が、実はましなのだ」とまで言っています)

エリック・ブリニョルフソン教授の著書『インタンジブル・アセット－「ＩＴ投資と生産性」相関の原理』ダイヤモンド社（2004/5/1）27～28ページからの引用です。

それゆえ私たちは、組織的な業務プロセスの再設計に使われた資金が費用ではなく投資として扱えるのかどうか、十分注意して理解を深める必要がある。

私たちは、この問題に関して多くの研究を重ねてきた。前述しただけでなく、さまざまな異なる種類のプロジェクトを調べた結果、コンピュータのハードウェアの投資額1ドルに対し、インタンジブル・アセットの平均投資額が9ドルになることが分かった。このインタンジブル アセットとは、業務プロセス、社員教育、取引先との関係、顧客満足度、社員の忠誠心、企業に対する評価などである。つまりコンピュータは投資総額のごく一部にすぎず、インタンジブルアセットが実質的に生産性の向上を支えているのだ。

このような比率は氷山に例えることができる。コンピュータのハードウェアは氷山の一角でしかなく、組織資本や他のインタンジブル・アセットを合わせた格段に大きな資産は水面下に隠れている。情報技術に経済活動が支えられるようになった今、インタンジブル アセットの重要性は物理的資産と比べ、ますます高まっている。20世紀には、物理的な機械や装置が最も重要な資産であった。しかし21世紀に入った現在では、組織設計、業務プロセス、そして人的資本が生産性の向上を支える最も重要な要素となっている。

これらは正確に測定されようがされまいが、本当の富を生み出す源泉であることは疑いようがない。

以下に、簡単な事例でお話しします。

A、B、2社がイントラネットを設置し、社員1人にパソコン1台を配布しました。
A社は、社員へパソコン教育を積極的に行い、社員全員がパソコンを使いこなすようになりました。（＝教育投資を行った。）
B社は、パソコン教育は社員各自の自主性に任せ、積極的には行いませんでした。（教育投資を行わなかった。）

当然、A社の「業務効率改善」がB社より優れていたことは、想像に難くありません。ここで言うところの「パソコン教育により向上した人的能力」が、「優れた業務効率」を生み出した訳で、このケースの「高い人的能力」が「インタンジブル（無形資産）」です。

なんと、Apple社の場合、株価の98％がインタンジブル（無形資産）に対する評価です。

（出典：企業価値創造に向けてのインタンジブルズの複合的活用
千葉大学内山哲彦他２０１５年12月）

	区分	内容
1	人的資産	(従業員としての)個人および人的組織の持つ知識や能力、高い動機づけ。
2	組織資産	組織形態等によって生み出される知的資産。具体的には、企業独自の組織構造、定型化されたビジネスプロセス、組織文化等が該当する。
3	情報資産	人的資産もしくは組織資産への投資との組み合わせによって組織内に蓄積されるIT関連の知識や組織能力。(筆者加筆)設計情報やビッグデータなどを含む。
4	顧客資産	将来にわたって企業に多額の利益をもたらす優良な顧客との間に築かれた強固 な関係、または契約によって将来の一定期間に渡って確実に利益をもたらしてくれる顧客との関係性。
5	ブランド	ある売り手あるいは売り手集団の製品およびサービスを競合他社の製品およびサービスと差別化するための名称、言葉、サイン、シンボル、デザイン、あるいはこれらの組み合わせ。
6	コーポレート・レピュテーション	経営者および従業員による過去の行為の結果、および 現在と将来の予測情報をもとに、企業を取り巻くさまざまなステークホルダーから導かれ る持続可能な競争優位。

以下に、インタンジブルをその性質で分類してみます。

筆者は、上記の分類の中で、1～3、4～6を次のように2グループに分けたいと思います。

何を言っているかと言うと、Predictable（予測可能）に分類したインタンジブルは、「社内」に向かって発信する企業努力（投資）なので、当然、「実行しやすく」「結果も予測しやすい」と言えます。しかし、Unpredictable（予測不能）は、「外部評価」による積み重ねなので企業努力（投資）を実行しても思い通りになる保証はありません。つまり、Predictableとは「因」を作るもので、Unpredictableとは、この「因」によって引き起こされる「果」なので、企業にとって採用し得る手段は、Predictableが対象になると言うことになります。別の言い方をすると、「自社の能

人的資産

組織資産

情報資産

Predictable
企業努力（投資）の
成果を事前に予測しやすい

顧客資産

ブランド

コーポレート・
レピュテーション

Unpredictable
企業努力（投資）の
成果を事前に予測する
ことが困難

力を向上させる手段」を講じて、「外部からの成果・評判」を獲得する、です。

デジタルトランスフォーメーションにおいて、達成すべき「目標」は、デジタルを活用して、この「インタンジブル＝顧客満足度を向上させる企業の能力」を向上させることです。先に取り上げた「パソコン導入」の事例を思い出してください。せっかく、パソコンを一人一台導入しても、使える人が少なければ「豚に小判」なので、パソコンを使いこなす「教育」は抱き合わせの施策になります。両方を実践してはじめて「効率的な業務」と言うインタンジブルを獲得できます。「効率的な業務」と言う「因」のインタンジブルを獲得して、継続することにより（例えば）コーポレート・レピュテーションと言う、「果」のインタンジブルに結び付く可能性が高まります。

どのような、デジタル機器であれ、ソフトウェアであれ、データであれ、「全員参加で、使い倒す」、「徹底的に活用して、最大成果を上げる」その「活用プロセスに関わる知恵と工夫」がインタンジブルです。

因みに、Apple社の社内教育では「What Makes Apple, Apple」（AppleをAppleたらしめているもの）と言うクラスがあるそうです。Apple社のインタンジブルを探すクラスのようですね。

ここまで、インタンジブルについてご説明してきました。次に、インタンジブルとビジネスプロセス・マネジメントについて考えてみましょう。

先に、『ビジネスプロセスとは経営指標に表れるすべての「数字」を生み出している「企業活動」の構成要素だ』と申し上げました。それは、読者にビジネスプロセス・マネジメントに対して「単なる可視化」のような、漠然としたイメージを持って戴きたくなかったからです。もう、お分かりだと思いますが、ビジネスプロセス・マネジメントはインタンジブルの領域も対象としています。

さて、「数字」になるものは「タンジブル」です。一般的に、タンジブルな事象を取り扱う能力を「ハードスキル」と呼びます。

◎ハードスキルの事例

・事業環境分析
・事業計画シミュレーション
・経営資源の配分
・パフォーマンス評価等

これに対して、インタンジブルな事象を取り扱う技術を「ソフトスキル」と呼びます。

◎ソフトスキルの事例

・人材育成
・士気の向上
・動機づけ
・組織変革
・組織学習
・企業文化の醸成等

経営資産とは、①ヒト、②モノ、③カネ、④情報と言われていますが、ソフトスキルを眺めると「ヒト」が共通項として浮かび上がってきます。ヒトには心があります。そこで、近年、よく耳にする言葉に「従業員エンゲージメント」があります。従業員エンゲージメントとは、以下のように定義されます。

従業員エンゲージメントとは、従業員が会社の向かっている方向性（企業理念）に共感し、業績向上のために、自発的に「会社に貢献したい」と思う意欲のことを指します。一言で表すなら、「従業員の企業に対する信頼の度合い」や「従業員と企業とのつながりの強さ」といえます。

◎構成要素

・理解度

・帰属意識

・行動意欲

（出典：HRBrainブログ　「従業員エンゲージメントとは？」　2023/04/25）
https://www.hrbrain.jp/media/human-resources-management/engagement

「従業員エンゲージメント」に働きかける手段として、筆者がよく聞くのが・・・

1．インナーブランディング
2．クレド（Credo）
3．チェンジマネジメント

などですが、筆者が考えるところ、それぞれ所属する企業の『ＭＶＶ：「Mission（ミッション）：存在意義」、「Vision（ビジョン）：組織の理想像」、「Value（バリュー）：具体的な行動指針」』を従業員と共有して、企業と従業員とが共通した価値観・方向性を持って行動することを目指す、ということのようです。（チェンジマネジメントは、変革の定着が目的だそうですが、ここでは、これ以上深くは触れません）

筆者は、これらの活動を否定するものではありませんが、触れたいことは、その「やり方」です。基本的に、企業がＭＶＶ（あるいは類似の媒体）を作成し、それをワークショップなどのコミュニケーション手段や教育手段によって広めようとするものなのですが、企業と従業員の間の「共通言語」がハッキリしません。ＭＶＶと言う概念では、ちょっと「ハイレベル」すぎて、実施者にとっても、受け入れる側にとっても「抽象度が高すぎる」のです。抽象度が高いと言うことは、測定の難度が高いとも言えます。その点、ビジネスプロセス・マネジメントでは従業員の「毎日の業務の進め方」と言う「共通言語」が存在するので、「抽象的」ではなく「具体的」にコミュニケーションが取れる

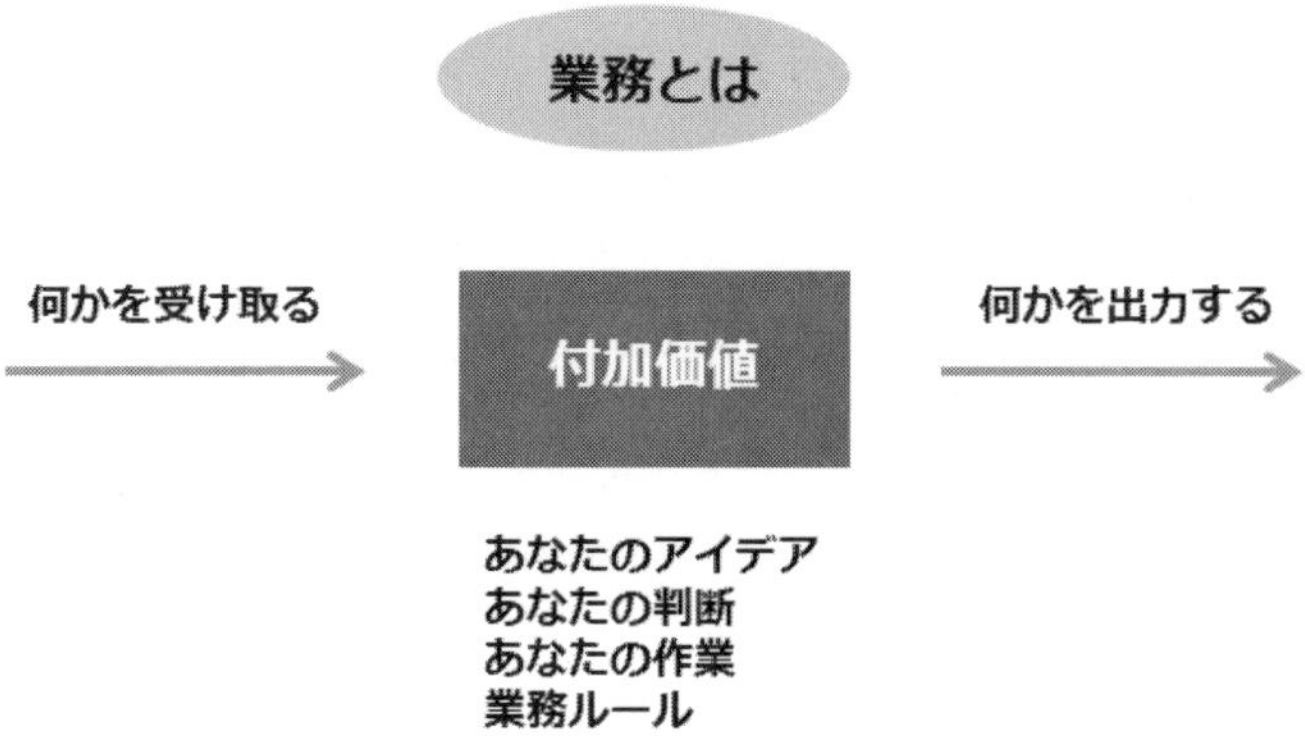

業務とは

何かを受け取る → **付加価値** → 何かを出力する

あなたのアイデア
あなたの判断
あなたの作業
業務ルール

と考えられます。別の言い方をすると、ビジネスプロセス・マネジメントのフレームワークに、従業員エンゲージメントに関わる活動も容易に載せることができるということなのです。「あなたが担当する、〇〇のビジネスプロセスは、会社にとっての□□と言う価値の創造に貢献してますね」という感じです。

その次に、付加価値を創造するために、①知識は足りているか、②スキルは十分高いか、③出力する成果の価値を理解しているか、④遣り甲斐を感じているか・・・などコンピテンシーに広げることができます。

如何でしょうか？　ここでは人事マターまで話しを広げましたが、ビジネスプロセス・マネジメントと言うフレームワークを活用すれば、「人事政策」と「現場の運営」を一体化した、例えば「タレントマネジメントシステム」などの、デジタルトランスフォーメーション施策にも展開できることをご理解戴けたと思います。

この章のまとめとして、デジタルトランスフォーメーションに対するエリック・ブリニョルフソン教授のインタビューでの一言を添えます。

聴き手：企業は変化を管理するのが難しいと感じていますか？

教授：はい。多くの場合、テクノロジーを取得することが最も簡単なステップです。最も困難なステップは、これらのテクノロジーを実際に活用するために必要な、文化的、組織的、および人間のスキルの変更を行うことです。これらは、しばしば時間がかかるものです。
（出典：The Future of Commerceのブログ「Q&A with mit's Erik Brynjolfsson: Digital technologies and economic transformation」）
https://www.the-future-of-commerce.com/2014/08/19/qa-with-mits-erik-brynjolfsson-digital-technologies-and-economic-transformation/

4-3　DXと研究開発（R&D）

ここまで、「デジタルに弱い」と感じている皆さんに、デジタルトランスフォーメーションが「必ずしもデジタルなものではない」と繰り返しお伝えしてきましたが、この章では、更に、皆さんに身近なテーマと比較しながら考えて行きたいと思います。

そのテーマは「研究開発（R&D）」です。多くの業務畑の方々も、所属する組織の「研究開発」については何らかの知識や経験をお持ちだと思いますし、ましてや、経営者の皆さんでしたらかなりの「持論」がおありになると思います。勿論、研究開発における専門知識は無いかも知れません。しかし、経営者としては「戦略」の一部として平素からいろいろお考えになっていると思います。デジタルトランスフォーメーションも同じです。情報分野における「研究開発」なのです。今まで、そう考えていなかったところに、いきなり飛び出してきたので戸惑うのも無理はありません。この際、もう一度考えてみてください。

筆者は、テレビ東京で土曜日に放送される「知られざるガリバー～エクセレントカンパニーファイル〜」と言う番組が好きでよく見ています。日本の各業界におけるトップ企業の紹介番組なのですが、登場した多くの経営者に共通していることが、「お客様の要望を何としても叶える」と言う姿勢です。「顧客要望＝研究開発の種」なのです。

中でも印象的だったのが、RFIDのサトーホールディングス株式会社様です。同社は、1940年の創業以来、研究開発によりアナログ産業からデジタル産業に見事に変身されました。同社の歴史を下記にまとめました。

◆1940〜1960

・1940年に創業者の佐藤 陽が竹製の組立箱を製造

・竹箱量産のために多くの竹加工機を発明

・1958年に荷物をまとめる「自動結束機」を発明

◆1960〜1980

・1960年スーパーマーケットの台頭により、全商品に値段情報を付ける必要が発生したことに対応し「ハンドラベラー」発表

◆1980〜2000

・1981年熱転写方式バーコードプリンタを世界で初めて開発に成功
・各業界の用途に合わせた各種プリンタとラベルを提供
◆2000〜2020
・HW、SW、サプライ、保守をトータルで提案する「自動認識ソリューション」を強化
・RFID、音声認識など新たな自動認識技術も取り入れる
・遠隔サポートで予防保守を行い、ダウンタイムを最小化する世界初のIoTを実装したラベルプリンタを開発
◆2020〜
・「自動センシング（人とモノの状態）」による「IoEソリューション」を高度化
（出典：サトーホールディングスのホームページから筆者が編集）https://www.sato.co.jp/

サトーホールディングス様の研究開発（R&D）の歴史は、自社のデジタル技術の研究開発が、そのまま顧客企業の業務におけるデジタル化の一翼を担っており、正に、デジタルトランスフォーメーションの歴史だと言えます。言い換えると、デジタルトランスフォーメーションも「研究開発」の延長線上にあるのです。

現代に生きる我々は、何らかの形で「デジタル世界」の中にいます。例えば、伝統工芸の職人さんでも、作る技術は「アナログ」であったとしても、得意先の管理はエクセルでしているかも知れません。ましてや、海外に製品を販売しようと考えたならば、インターネットとEコマースの知識は学習する必要があります。現代社会において、避けては通れない「デジタル化」なのですが、「デジタルトランスフォーメーション」だからと言って、AIやIoTなどの最新技術ばかりに拘ることはありません。例えば、自社システムを内製化している企業であれば、デジタルトランスフォーメーションの一形態として、自社で使っているシステムをその機能を必要とする他社に販売できるかも知れません。一時期盛んだった大手企業のIT部門が、子会社として独立し、親会社以外の取引先を開拓するという動きも、ある意味でデジタルトランスフォーメーション的活動の一環だったと考えられます。筆者が40年前に携わった銀行の勘定系システムも、他の銀行に販売されています。

さて、研究開発（R&D）ですが、大きく3つの段階に区分できます。

1. 基礎研究
基礎研究とは、新たな科学的事実を発見し立証する研究で、すべての研究の基となります。

2. 応用研究
応用研究とは、基礎研究や既に実用化されている技術に基づいて、特定の目標を定めて実用化可能性を確かめる研究です。

3．開発研究

開発研究とは、基礎研究・応用研究や販売された商品から得た知見などから、次のサービスを生み出す研究です。

デジタルトランスフォーメーションでは、あなたの企業における「デジタル資産」が研究対象です。研究開発では、「研究資本」はまとまった一つのユニットとして「研究所」などで管理・運営されているのが一般的だと言えます。しかし、「デジタル資産」は違います。狭義の「デジタル資産」、モノとしてのハードウェアやソフトウェアはシステム部門の管理下にあるのですが、利用技術は「業務部門」あります。例えば、人事部では、システム部門が管理を担当する「人事管理システム」を使いながら、労働基準法や各種保険制度など「人事部知見」により形成された「業務の執行」を行っています。人事部以外の各部門も、概ね、当該「業務用のシステム」を使って、それぞれの利用技術に従った形で運営しています。つまり、研究開発資産では「集約」されているのに対して、デジタル資産は「分散」されているのです。何を意味するのかと言うと、これまで「研究開発」も組織単位で各業務が管理・運営されていたことに対して、広義のデジタル資産は従来の「管理単位・組織体系」では管理が困難なのです。この点が、デジタルトランスフォーメーションを「ややこしく」

しています。

繰り返しになるかも知れませんが、研究開発における3つの区分①基礎研究、②応用研究、③開発研究、に分けて、デジタルトランスフォーメーションを考えてみましょう。加えて、「ビジネスの種」全般が選択的に対象になりますね。②応用研究の対象は、（困りました）デジタル技術の対象となっているのは、製造・販売・内部管理など社内のすべての工程であり、新しい「ビジネスの種」となる（かも知れない）商品・サービスすべてになってしまいました。③開発研究の対象は、その②における成果の中から「実現可能性」や「実施効果」の高いものから手を付けることになるでしょう。

この、対象領域の「広さ」を「管理・コントロール」するために、「観測点」が必要になりますが、この観測点管理にフレームワークとして適切なのが、業務全般を捕捉できる「ビジネスプロセス・マネジメント」なのです。

皆さん、よくご存じのとおり「研究開発」とは、「簡単に短期間で」成果が出るものではありません。デジタルトランスフォーメーションにおいて「遅れている」と言われているからと言って、現在、世間に広まっているいろいろな情報に飛びつくのではなく、自社の「デジタル度」を測りながら、

「短期」「長期」の戦略を冷静に立てて戴きたいと思います。

第5章

DXと戦略

5-1　DXと「経営戦略」

デジタルトランスフォーメーションにおいては「DX戦略」の策定が必要だと言われます。組織の中ではいろいろな局面で「戦略」が必要だと言われますが、そもそも「戦略」とは何でしょうか？　ちょっと「戦略」を検索しただけで、経営戦略、事業戦略、財務戦略、IT戦略、サプライチェーン戦略など数多くの戦略がヒットしますが、その相互関連性について、最初に、考えてみたいと思います。

ロンドン・ビジネススクールの教授であるコンスタンチノス C. マルキデスは、彼の論文の冒頭で下記のように言っています。

多くの企業が独自の戦略を策定しているが、そのほとんどが壮大な目標を掲げたり、聞こえがいい言葉を並べたりするに留まる。戦略とは、何も決断しないまま美しい標語を打ち出すことではなく、経営陣が覚悟を持って進むべき道を選び、その選択を行った理由を従業員に伝えることである。

（出典：グロービス経営大学院のサイト「経営戦略とは？　～基本や流れ、優れた戦略事例まで～」から著者が編集作成：https://mba.globis.ac.jp/knowledge/detail-21819.html）

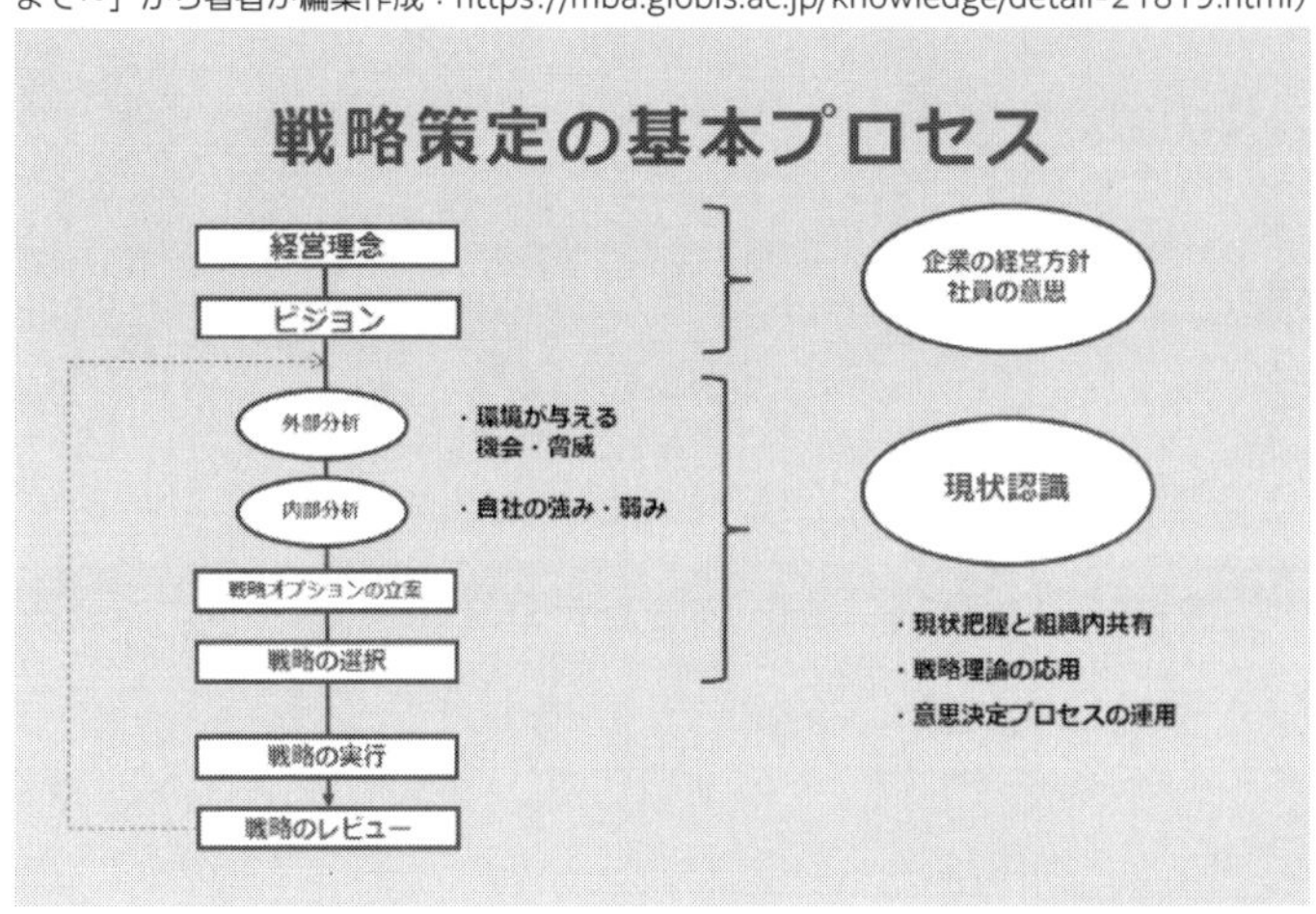

デジタルトランスフォーメーションにおいては「ＤＸ戦略」を立案すべしと、各方面から聞こえてきますが、ここでは、「経営戦略」と「ＤＸ戦略」の違いについては議論しません。理由は、各企業が各社の事情に合わせて方針を決めれば良いと考えるからです。ここでは、その違いより「戦略」の在り方について考えてみたいと思います。

次に、グロービス経営大学院のサイトから経営戦略に関するモデルをご紹介します。

マルキデス教授は、「壮大な目標を掲げたり、聞こえがいい言葉を並べること」は、「戦略」ではないと指摘しています。また、グロービス経営大学院のモデルには「現状認識（外部分析・内部分析）」が示されています。

前述した、Appleのティム・クックが行った、「在庫回転期間の短縮」という「施策」について考えてみると、「キャッシュフローの改善」という観点では財務戦略であり、「プロセス改善」のためにＩＴソリューションの導入が必要であればＩＴ戦略であり、「事業部の収益改善」という観点では事業戦略であり、勿論、サプライチェーン戦略とも言えるでしょう。

「在庫回転期間の短縮」という施策が「漠然とした戦略」から導かれたと考えるのは難しく、「①現状認識」と「②あるべき姿の設定」を設定した上で、①、②の差分を埋める施策を「戦略」として、位置づけたのだと筆者は考えます。「経営戦略」と呼ぶにしろ、「ＤＸ戦略」と呼ぶにしろ、「事実に立脚し、具体的であること」が要求されます。

上記の観点から、我が国における「戦略」と「ＤＸ」の関係について、考えてみます。

ＮＥＣソリューションイノベータ株式会社による「ＤＸ導入に関するユーザーアンケート実態調査レポート」（２０２１年12月）が発表されています。その、トップ２に以下の項目が指摘されています。

財務・経理部門のＤＸでは「経営戦略はあるが一部の部門でしか取り組んでいない」企業が多く、「ビ

ジネスモデルの変革」に向けたギャップが大きい。

実態としては「ペーパーレスの取り組み」や「基幹システムと会計システムの連携」が上位で、「決算の早期化の取組み」が進むものの、「管理会計のメッシュ細分化による精度向上」や「損益管理の日次・週次更新による経営判断のスピードアップ」など経営に直結する部分までは着手できていない。


ここから読み取れることは、以下の3点かと考えます。

1. 部門には、「経営戦略」が、行き届いていない。
2. 各部門のＩＴによる「カイゼン」留まっている。
3. 経営に直結する部分は、未着手。

なぜ、このような行き違いが起きてしまうのでしょうか？

前述の、マルキデス教授は「経営陣が覚悟を持って進むべき道を選び、その選択を行った理由を従業員に伝えることである」と言っています。見落としてはいけない、大事なポイントは、「従業員に伝える」ことです。

Appleの「在庫回転期間の短縮施策」では、①現状認識、②あるべき姿の設定、③実行すべき具体的施策の決定、⑤従業員への行動指示というプロセスが踏まれて、「成果」が実現したと考えられますが、NECソリューションイノベータの調査事例では、「経営戦略は存在するものの、具体的な施策について、実行を担う従業員に指示されていない」と受け取れます。

なお、上記、アンケート結果の締めくくりは、次のようになっていました。

今後は、DXを「全社で持続的に取り組みたい」とされ、まずは「業務のペーパーレス化」が直近の課題だが、今後は「経営戦略の最適化」「経営のスピードアップ」「データに基づいた財務状況の分析」に取り組むなど、DX推進と経営改革への強い思いが感じられた。

上記の結論から推測できることは、『現場は、経営から言われなくとも「経営改革」にひつようなことは分かっている。』ことだと思います。別の言い方をすると、「デジタルトランスフォーメーションの問題」でも、「戦略の問題」でもなく、そもそもの「日本的組織運営や経営マインドの問題」ではないかと考えられます。

◆ＤＸが謳う「ビジネスモデルの変革」と「経営戦略」

さて、大きなテーマに辿り着きました。ＤＸにおいては「デジタルを用いてのビジネスモデルの変革」と盛んに謳われています。筆者は、この点については、少々「危なっかしさ」を感じます。ビジネスモデルについては、それぞれの企業で創業以来、営々と研究し追い求めて来た歴史があります。急に「ＤＸだ」「ビジネスモデルだ」と言われて「ポン」と出てくるものかとは思うのですが、ここでビジネスモデルの変革について、「やり方」を考えてみたいと思います。

ビジネスモデルとは、①誰（Who）、②何（What）、③如何に（How）の組み合わせだと言われます。例としてAmazonを、見てみましょう。創業時におけるAmazonによるビジネスモデルの新規性は、③如何に（How）をインターネットに求めただけで、WhoとWhatについての「新規性」はありません。別の言い方をすると、Who、What、Howの一つでも変えれば新規のビジネスモデルと言えるのです。勿論、インターネットはＤＸとしての大きな技術要素ではあります。

筆者は、ビジネスモデルの、③如何に（How）は、更に二つの要素、①How to（どのように）、②How fast（どんなスピードで）、に分けられると考えます。

方や、今までお伝えしてきた「ビジネスプロセス」は、３つの要素、①INPUT、②PROCESS、

●ビジネスモデル発想テーブル

	誰に・から（Who）	何を（What）	如何に（How to,How fast）
INPUT			
PROCESS			
OUTPUT			

③OUTPUTから成り立っています。この二つの視点を合成してみましょう。

ビジネスモデルの分析では「ビジネスモデル・キャンバス」が有名なフレームワークですが、発想を膨らませるためには、この「ビジネスモデル発想テーブル」が有効です。この表で、「発想」して、ビジネスモデル・キャンバスで分析してください。企業レベルで考えたものが「経営戦略」、事業部レベルで考えたものが「事業戦略」、に該当します。

戦略立案の手がかりとして、「システム思考」における「時系列変化パターン分析」をご紹介します。

システム思考における「時系列変化パターン分析」とは、「課題」をグラフ化して、「過去の実績」を把握した上で、「希望する未来」の表現するものです。

グラフの縦軸（変数Y）に、課題の指標（上でご説明した、KGIやKPIなど）を置き、横軸（変数X）に時間を置きます。

ビジネスモデル・キャンバス（コンビニ）

<table>
<tr><td rowspan="2">KP キーパートナー
フランチャイザー</td><td>KA キーアクション
多頻度配送</td><td rowspan="2">VP 価値提案
日常に密着した品ぞろえと低価格
コンビニ支払いやATM等の利便性</td><td>CR 顧客との関係
セルフサービス</td><td rowspan="2">CS 顧客セグメント
個人顧客</td></tr>
<tr><td>KR 主なリソース
店舗立地</td><td>CH チャネル
店舗</td></tr>
<tr><td colspan="3">CS コスト構造
仕入原価　ロイヤリティ</td><td colspan="2">RS 収益の流れ
商品代金　代行手数料</td></tr>
</table>

●システム思考

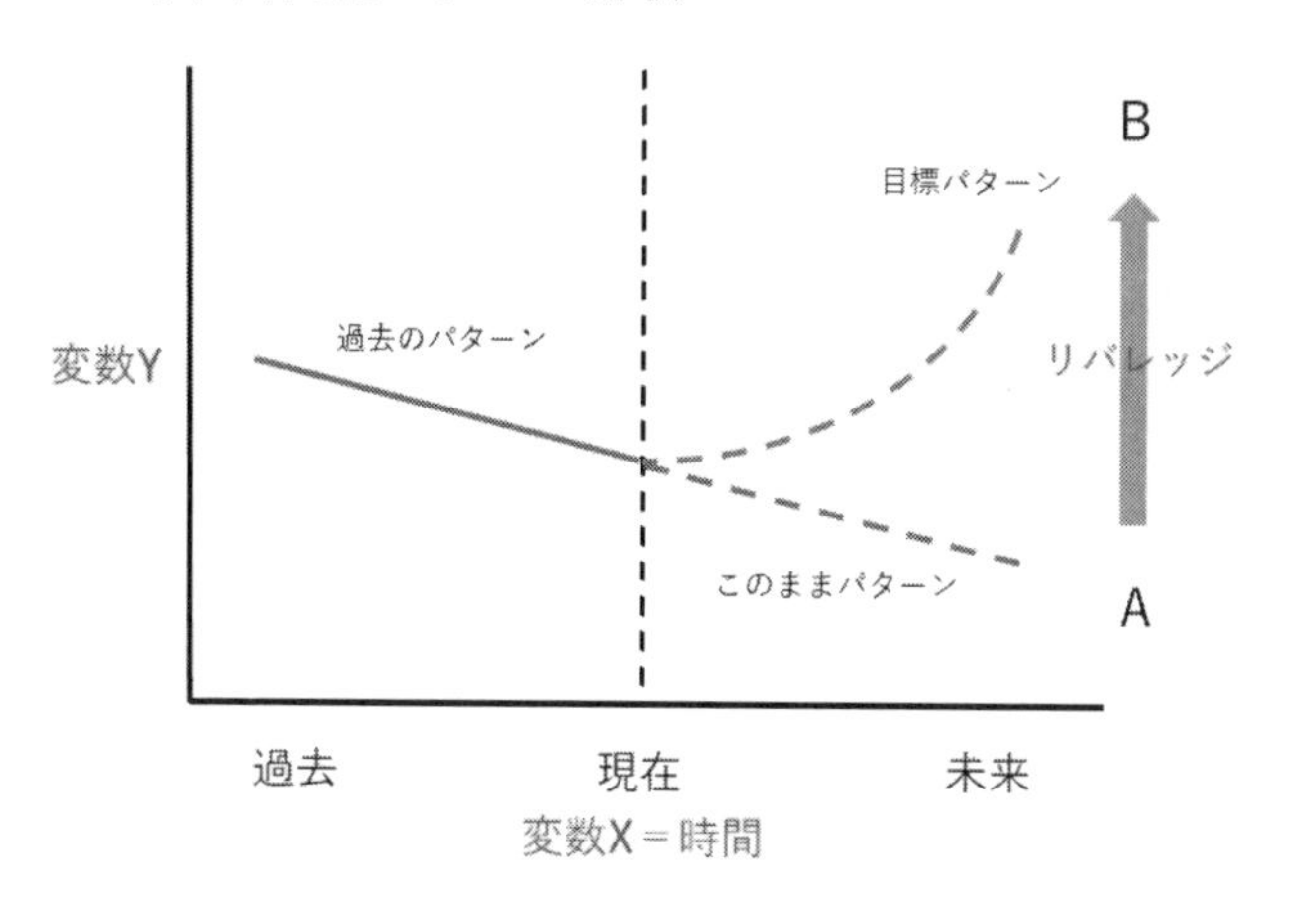

1. 過去から現在までの実績を、線として記入します。
2. 未来に対して、「何もしない場合」課題（指標）はどうなるのか、予測線を記入します。
3. 未来に対して、「手段を講じて」課題（指標）を、「どのように変化させたいのか」を、期待線を記入します。
4. 「何もしない、2の予測線」から「3の期待線」に「変化」させる手段をレバレッジと呼びます。
5. そして、縦軸（課題指標）・横軸（時間）の「目盛り」を決定します。

DXレポートでは「変革」と言う、強い言葉で表現されてはいますが、程度の差こそあれ「変化を生じさせる」ことに変わりはありません。英語で言えば「Change（チェンジ）」です。

1. 課題（What）の現状（As-Is）をどんな将来像（To-Be）にしたいのか考えます。
現状（As-Is）と将来像（To-Be）の差分である、「変化（チェンジ）」の認識。
2. そのために講じる手段（リバレッジ）（How）は、どうあるべきか考えます。
過去の行動と、これからの行動の「変化（チェンジ）」の認識。

ここで、ご紹介した簡単なグラフを描くことで「壮大な目標」や「聞こえがいい言葉」で表現されている「経営戦略」も「具体性を持たせること」が可能になり、ひいては社内外の「合意形成」に繋がります。

5-2　バランスト・スコアカード（BSC）とKPI

ご存じの方も多いと思いますが、経営戦略を語る上で、バランスト・スコアカード（ＢＳＣ）とＫＰＩは、はずせません。

バランス・スコアカード（ＢＳＣ）は、１９９０年代初頭に米国ハーバード・ビジネススクールのロバート・Ｓ・カプラン教授と経営コンサルタントのデビッド・Ｐ・ノートンの両氏により開発された経営管理手法です。Appleやマクドナルドも使用しているそうです。

筆者の知るところでは、嘗て、アメリカの社会学者エズラ・ヴォーゲルが『Japan as Number One: Lessons for America』を出版した１９７９年頃、アメリカの経営者は、「短期的な財務指標（特に収益）を株主にアピールするために、経営戦略も短期的になっている。」と批判されたことがありました。それに対して、日本企業の経営者は終身雇用制度などにより、「長期的な経営戦略を持っている。」と、言われました。（現在では、その日本式経営が批判されていることは残念なのですが。）このことにより、アメリカでも長期的な経営視点を取り入れることにスポットライトが当てられたと聞いています。

カプランとノートンは、従来の業績評価は専ら財務指標によるものだったことを反省し、評価の視点を拡張して、次の４つの区分で経営戦略を分析・決定する枠組みを提案しました。

1．財務の視点（従来の財務会計・キャッシュフロー等）

ステークホルダーに対して財務的に応えるためにどのように行動すべきかという視点です。評価の指標としては、売上高、利益率、利益額、自己資本比率、ＲＯＥ（自己資本利益率），ＥＰＳ（1株当たり純利益）等が考えられます。

2．顧客の視点（売上の源泉たる顧客やマーケット等）

顧客に対してどのように行動すべきかという視点です。評価の指標としては、顧客満足度、製品売上シェア、リピート率等が考えられます。

3．ビジネスプロセスの視点（顧客への価値を生み出す社内プロセス）

組織の効率を高めるためにビジネスプロセス　をどのように効果的に構築・運用すべきかという視点です。評価の指標としては、生産のリードタイムや不良品率、注文や質問に対するレスポンス時間など、ビジネスプロセス　に関する生産性を向上させ、コストを削減する指標が考えられます。

4．学習と成長の視点（組織や人材の成長および知財等）

経営目標を達成するために必要な従業員のエンゲージメントや能力をどのように高め生産性を向上させるかについての視点です。評価の指標としては、従業員満足度、エンゲージメントサーベイ、社員定着率、資格取得者数などの指標が考えられます。

バランストスコアカードの解説が目的ではないので、技術的な詳細には踏み込みませんが、ここで注目して戴きたいのは、項目3、4、で、これらは、第5章でお伝えした「インタンジブル（無形資産）」に関連していると言うことです。つまり、長期的な「成長戦略」として、インタンジブルへの視点が採用されており、この2項目へのアプローチする具体的な手段として、第2章でお伝えした「ビジネスプロセス・マネジメント」が存在していることです。

◆KPI、KGI、CSFとは

さて、近代的な経営では、BSCのように財務目標のように、金額で表示可能なものに加えて、金額では表示できない目標も設定します。それらを表す言葉として、KPI、KGI、CSFがよく使われます。

・ＫＰＩ（Key Performance Indicator：重要業績評価指標）

最近、よく耳にする言葉ですが、経営施策として実施している経営上重要なプロセスの進捗に係る「数値」を表すもので、「金額で表示できるものと、できない項目」があります。

・ＫＧＩ（Key Goal Indicator：重要目標達成指標）

似たような言葉ですが、経営上の「目標」として掲げた「指数」で、経営として達成を目指す最終目標です。おそらく、お金で表示できる財務的なものが中心となるでしょう。

・ＣＳＦ（Critical Success Factor：重要成功要因）

施策で追求する「目標」です。「顧客満足度の改善」や「低い生産コスト」などが考えられ、その達成度を表しているのがＫＰＩです。

ＫＰＩ、ＫＧＩはいずれも「Indicator」であり、「継続的な測定」が必要になりますが、当然、「非人力的＝システム」に行われることが要求されます。

●バランストスコアカードの事例

食品スーパーM社のＢＳＣ作成例

ビジョン	食文化の提供を通して、地域の皆さんを元気にする
全体戦略	近隣に住む高齢者と子育て世帯向けに、地元の商店ならではのキメ細かい商品とサービスをまごころを込めて提供する

	戦略マップ／戦略目標	ＣＳＦ	ＫＰＩ	ターゲット数値	アクションプラン
財務	経営基盤の強化 収益性の向上 生産性の向上	・利益の増加 ・売上の増加 ・粗利益率の向上	・営業利益率 ・売上高 ・粗利益率	・５％アップ ・10％アップ ・５％アップ	・各指標の定期的チェック ・フォローアップ会議（月1回）
顧客	客数の向上 客単価の向上 標的顧客をM社ファンに	・標的顧客層の増加 ・当店依存度アップ ・顧客満足度の向上	・新規顧客数 ・購入点数／回 ・お礼状の数 ・要望実現数	・3.5％ＵＰ ・3.5％ＵＰ ・現在の倍 ・90％	・新施設の効果確認と継続的改善 ・顧客による要望実現度評価の実施
業務プロセス	顧客取材と対応 ロス率低減 ＩＳＭ※の充実 ＰＯＳデータを活用した発注	・取材実施と要望対応 ・陳列改善、関連購買等の促進 ・廃棄と値下げによるロスの削減	・取材回数 ・関連購買率 ・ロス率	・週1回 ・5％ＵＰ ・5％ＤＯＷＮ	・取材実施と対応 ・店長とＹさんで陳列改善実施 ・仕入れでのデータ活用と検証
学習と成長	接客スキルアップ データ活用の習得 接客頻度の向上 顧客取材体制の確保	・店舗づくり能力向上 ・接客面の意識向上 ・ＰＯＳデータの活用 ・取材担当者の任命	・研修回数 ・研修回数 ・活用の有無 ・担当者数	・年2回 ・年2回 ・有 ・1人以上	・ＩＳＭ研修に参加 ・接客研修の実施 ・データの移行と使用方法の習得 ・U氏を任命

※）ＩＳＭ：インストア・マーチャンダイジング

出典：技術開発型企業における知的財産の視点を加味したバランス・スコアカードによる戦略研究

ＢＳＣやＫＰＩなどについては、「戦略マップ［復刻版］」ロバート・Ｓ・キャプラン、デビッド・Ｐ・ノートン（著）、櫻井通晴（翻訳）東洋経済新報社など、良書が数多く出されていますので、詳しくはそちらをご参照ください。

「経営戦略」の分析・決定する枠組みについてバランストスコアカードをご紹介しました。

スタート・アップのように組織が小さければ、「経営の意図」を周囲に伝達することに大きなエネルギーは不必要でしょうが、組織が大きくなるにつれてステークホルダーが増えて、伝達のエネルギーも大きくなります。特に「従業員」には、目標を共有し、そこに向かって行動し続けて貰うために、「ぶれずに」指図をしなければなりません。そのために、戦略を「見える化」

して、確実に「伝達」する必要があるのです。

但し、最近では、バランストスコアカードやＫＰＩ経営に警鐘が鳴らされることがあるようです。それらは、①昔のように「財務の視点」へのマインドが高くなりすぎて、短期的な姿勢が強まり、他の項目への配慮が低下する場合がある、②施策の数やＫＰＩの設定数が多くなりすぎて、「施策倒れ」や「ＫＰＩ疲れ」が発生する、などに注意喚起が行われています。ＢＳＣやＫＰＩの重要性や有効性を損なうものではありませんが、何事も、「塩梅」が重要なのでしょう。

5−3　DXと戦略の展開

経済産業省は、「DXレポート」の中でデジタルトランスフォーメーションを次のように定義しています。

> 企業がビジネス環境の激しい変化に対応し、データとデジタル技術を活用して、顧客や社会のニーズをもとに、製品やサービス、ビジネスモデルを変革するとともに、業務そのものや、組織、プロセス、企業文化・風土を変革し、競争上の優位性を確立すること。

一言にまとめると、「企業経営全般においてデジタル技術を活用しろ」と言っているように受け止められます。総花的で、掴みどころがないのですが、ご一緒に掘り下げて行きましょう。

「デジタル技術の活用」が意味するところは、これまでにお伝えしてきた「データ活用」が基本となります。２０００年以降、コンピュータの発展に伴い、それを使いこなすための経営学も大きな発展を遂げました。DX時代における経営は「経営学に培われた、論理による、データに基づいた経営」である必要があります。デジタルの活用とは「論理」の活用に他なりません。別の言い方をすると、経営においては、狭い意味での「デジタル知識」を学習するより、もっと広く「経営学的な論理」の視点が必要です。

では、経済産業省が言っている「顧客や社会のニーズをもとに、製品やサービス、ビジネスモデルを変革」について、具体的にアプローチを考えてみましょう。

◆ニーズ分析とシーズ分析

マーケティング分野で行われる「ニーズ分析とシーズ分析」について、見てみましょう。

●ニーズ分析

近年、「ＶＯＣ」（Voice of customer、顧客の声）と言うマーケティング手法が注目を集めています。例えば、コンタクトセンターに、電話、メール、チャット、ＳＮＳ、アプリなどのチャネルを通じて寄せられた顧客の声をマーケティングに生かそうとするものです。ＤＸを軸に語ると、以前にお伝えした、コンピュータによる「非構造化データ」（テキスト、声、写真など）の処理能力が急速に発達したことにより、こうしたデータの分析が楽にできるようになり、変化の大きな現代の市場動向を掴むために最近ではかなり頻度を上げて調査が行われるようになりました。

まず、既存のビジネスにおける、「市場」「顧客」「製品・サービス」「競合」などの「マーケット情報の収集と分析」を行いますが、「マーケット情報の収集と分析」にデジタルが活躍します。それを生業とする専門家も存在します。そして、そこから発展させて、「未知なる顧客ニーズ」の発見にチャレンジします。

●シーズ分析

シーズとは「種」のことです。自社の経営資源の中で顧客へ提供できるものをシーズ（種）として列挙します。自社の製品・サービスの「効用」をなるべく「抽象化」して、「適用範囲」の拡大等ができないか、検討します。現在、顧客へ提供できているものばかりがシーズではありません。

例えば、「優れた自社開発の、勤怠管理システムがあれば、SaaSなどの形で売り出せる」かも知れません。因みにアマゾンのＡＷＳも、アマゾンが使用しているコンピュータの余剰能力（空き時間）を貸し出して顧客の設備投資負担を軽減しようというベソスＣＥＯの発案で実現しました。このように、「自社のリソースの内の何か」が、「何かの顧客ニーズ」と、マッチする可能性もあるのです。

コマツの事例でみると、「従来、モノづくりを中心としたビジネスだけだった」ことを振り出しに、

「お客さまのオペレーションすべてを最適化する」ことを目的として、「建機製造販売」からスタートして、「顧客の工事現場の工程を最適化するサービス」まで発展させました。この大きなプロジェクトでの着目点は「建設業の労働力不足解消」と言う　マーケット・ニーズに、自社のノウハウなどのシーズを掘り下げた結果だったのです。

孫子の兵法に「彼を知り己を知れば百戦殆からず」とある通り、内外の情報を制することが勝者の条件ですね。

経済産業省が言っている文言の中段「業務そのものや、組織、プロセスの変革」は、本書でこれまで、「ビジネスプロセス・マネジメント」を通じて組織変革に導くための考え方をお伝えしてきました。では、最後の部分「企業文化・風土の変革」ですが、このテーマは「理論・理屈」で片づけられないということから、ある意味で「最も難しい」かも知れません。

筆者が、30年以上前に銀行でシステム開発に携わっていた頃の話ですが、当時、銀行でも「システムのプロ」を積極的に中途採用した時期がありました。多くの理工系出身のシステム・エンジニアと呼ばれる人たちが入社したのですが、後から聞いたところでは、その内、多くの人たちが辞めて行ったそうです。その事由が、「銀行の文化や人間関係に溶け込めなかった」と言うことでした。

また、大手コンサルタントのマッキンゼーは2020年9月の「マッキンゼー緊急提言：デジタル革命の本質：日本のリーダーへのメッセージ」の中の一節で下記のようにレポートしています。

外部の人材が活躍しにくい組織文化：

伝統的な日本企業は、少しずつ多様化しているものの、依然として外部からの人材の流動性が相対的に低く、また、年功序列的な考え方も根強く残っている。生え抜の社員も多く、これまでの会社の成功体験が共通言語として強く語られていることが多い。更には、社内にデジタル人材が 少ないため、デジタルリテラシーが低いことが多い。このような環境で、外部から採用されたデジタルのエキスパートが活躍することは非常に難しい。組織トップの強いコミットがない限りは、外部のエキスパートだけで、組織を動かし事業の中核を変革することは、ほぼ不可能である。結果的に、自分の裁量でできる範囲のデジタル化だけを推進することになってしまう。このように外部の人材が活躍しにくい組織文化というハンディキャップが存在する。

面白い書籍があります。

「日本全国、全部署回覧！うちの職場がムリすぎる。」沢渡 あまね（著） すばる舎 出版

アマゾンでの内容説明文をご紹介します。

日本の組織と働く人たちが、思考停止ひいては行動停止に陥っている。およそ400以上の日本の企業・自治体・官公庁などの職場を見てきた著者が痛感しているリアルです。日本企業の国際競争力、生産性、賃金レベルの落ち込みを見れば、従来の成功モデルは明らかに賞味期限切れ。私たちはそのリアルに正しく向き合い、正しく思考し、正しくアップデートする必要があるのです。

「日本の組織と働く人たちが、思考停止ひいては行動停止に陥っている」と言うショッキングな一文で始まっていますが、この本を読んで感じたことは、「うちは、ここまでのことはないよ」と言う声が多いだろう・・・でした。しかし、ＤＸと言う新しい「組織文化」を構築しなければいけない時には、「自分の職場にはこうしたことが起きていないか?」と言う、「他山の石」として、ご一読をお勧めします。

さて、「企業文化・風土の変革」の取り組み方については、上記の「日本全国、全部署回覧！う

ちの職場がムリすぎる。」をはじめとして多くの書籍などで語られているので、その方法論には踏み込みませんが、皆さんとご一緒に考えたいポイントは、「誰が先頭に立つか?」と、「どうやって盛り上げるか?」と言う課題です。皆さんの職場でのＤＸは、下記のどの段階でしょうか?

1．既に、立ち上がり、順調に進んでいる。
2．既に、立ち上がり、いろいろ課題は出てくるが、少しずつ進んでいる。
3．既に、立ち上がったが、進捗は思わしくない。
4．まだ、立ち上がっていない。

特に、3、4のカテゴリーにいると言う企業では「企業文化・風土」が、「思考停止ひいては行動停止」を起こしていないか?「デジタルは弱い」と言う「思い込み」から、「組織的尻込み」はないか、考えてみてください。

筆者の経験からお話しすると、筆者が参画した大型システム開発プロジェクトにおいては、システム開発推進を進める「剛腕の部長」がトップにおられました。また、筆者が所属した業務企画チームは「機能要件固め」「プログラマーへの機能伝達」そして「テスト（システム・テストから最終リリース・テストまで）」を担いましたが、殆どが「コンピュータに触れるのが初めて」と言う業務畑の経験しかないメンバーばかりでした。しかし、毎朝行われた「進捗打合せ会議」で、激しいながらも「お互いがどんなOUTPUTを必要としているのか」について緊密な情報交換を行いながら、成果物については「ピア・ツー・ピア」のレビューを相互に行うことで、「プロジェクトのBeforeとAfter、およびその違い」を明確に定義できていたことにより乗り越えることができました。勿論、システム部門や、開発協力会社のメンバーからも、いろいろ教えて戴きました。

どうか、「ＤＸなんて分からない」、「デジタルは弱い」などの思いは捨てて、「担当業務を追求すれば、ＤＸへの道は開けるのだ」と信じて、それぞれの立場からＤＸリーダーや、ＤＸメンバーに積極的に協力してください。ＤＸが、まだ、立ち上がってなければ、「ＤＸに取り組みましょう」と、言い出しっぺになってください。特に、外部から人材を招へいした場合においては、ビジネスプロセスを「共通言語」として、コミュニケーションを積極的に取るように配慮してください。ＤＸ人材であれば、ビジネスプロセスの重要性は必ず理解していますので、ここから始めれば心配無用です。

第6章

DXと課題

6−1　DXと「デジタル専門家」との付き合い方

デジタルトランスフォーメーションが飛び交う中、「デジタルに弱い」と思っておられる皆さんに、できるだけ「デジタル」以外の切り口から筆者の考えをお伝えしてきました。ここでは、DXを連呼している外部の「デジタル専門家（コンサルタントやITベンダー）」と、どう向かい合えば良いのかを考えてみましょう。

「専門家」とは、「ある分野を深く理解している人・組織」です。病院では、内科、外科、循環器科、消化器科、脳外科、精神科など、多くの専門分野に科目ごとに分かれていて、各科の「専門医」が配置されています。皆さんは、病院に行くときに、いきなり、どこかの専門医を訪ねるでしょうか？　訪ねませんよね。体調が悪ければ、まず「掛かりつけ医」を訪ねて初期診断を仰ぐでしょう。体調に問題が無いと思っていれば、「健康診断」を受けるでしょう。第1章で、DXは「健康診断」に似ていると申しました。一言で、「デジタルトランスフォーメーション」と言っても、もう良くお分かりになったと思いますが、皆さんの会社の殆どすべての組織・人に大きな関連・影響があります。その中で、いきなり「我が社に相応しいDXの専門家」を見つけようとしても、それは大病院の入り口で「窓口・科目案内」から、訪問先を見出そうとすることと同じです。筆者は、持病があり、掛かりつけ医で2か月に1回血液検査を受け、その他の検査も、適宜、掛かりつけ医が配慮してくれます。そして、必要に応じて大きな病院の専門科目へ紹介してくれます。デジタルトランスフォーメーションも、同じことだと考えます。

デジタルの専門家を尋ねる前に、まず、自分を知ることが大切なのですが、最初に行うべきは、これまでに説明してきた「経営分析手法とデータの充足性」です。企業の経営状態を反映している「指標」はいろいろあります。第2章で「飛行機のパイロット席のダッシュボード」の話しをしました。皆さんの会社では「いくつのメーター」で運行状況をチェックしながら経営をしていますか?

●これまでの経営管理手法を洗いなおす

財務分析は企業経営を行う上で当たり前に行う必要のある分析です。しかし、財務分析は「過去を表す指標」です。「現在を知り、将来を推測する指標」を得るには、管理会計が必要です。しかし、管理会計をはじめ、経営状態を認識するための「指標やKPI」は、数限りなく存在しますし、会社全体の指標、部門の指標、課の指標など、レベルの違うものもいろいろです。それらの中から、今後の経営の背骨となる指標を選択し、その①測定手法、②頻度・周期、③粒度(細かさ)、④社内での報告・共有ルールなどを洗い出した上で、現在の「システム」でそれらが把握できているのか、それとも何らかの「人力」に頼っているのかなどを調査してください。経営手法のAs-Isの調査です。

そのために、平素、会社を見てくれている「専門家」、例えば、税理士、会計士、経営コンサルタントや、社外役員などから、まず、話しを始めましょう。勿論、役員や部門長、管理職などの参画も必要でしょう。

加えて重要なのが、「IT部門」の参画ですが、IT部門との話し合いには、重要なテーマがあります。それは、現行システムにおける「保有データ（データベース）」ですが、「経営管理のためのデータ」が、どの程度各部門に提供されており、各部門では、どのような「使い方」をしているのか知っておく必要があります。筆者が現役時代に、「銀行の自己資本比率」の管理が新たに必要となり、新しく開発したシステムのデータから、最適化されたデータを算出するロジック（アルゴリズムとも呼ばれます）を苦労して考案しました。このように、経営指標の中には、「ただ、数字（データ）を持ってくる」では済まず、新しく開発しないといけないものもあります。

筆者も、公認会計士との話し合いを経験しましたが、今、考えてみると「その時点での決算における問題点についての具体的な話し」が多く、経営管理についての話し合いは決して多くありませんでした。読者の皆さんの会社でも同様ではないでしょうか？　企業側から「具体的な問い」を用意しなければ、専門家も答えにくいものです。

●次世代の経営管理手法を定義する

「これまでの経営管理手法を洗いし」ができたならば、次に次世代の経営管理手法を定義します。

To-Beの検討です。健康診断で、何種類の検査を受け、血圧や体脂肪率をはじめとする諸指標をいくつ明らかにするべきなのかを決定する工程です。「データに基づく経営＝データオリエンテッド経営」への道筋をつける事が重要です。データオリエンテッド経営へのシフトを決心しなければ、デジタルトランスフォーメーションもへったくれもありません。そのためには、ここまでにお伝えしてき内容を5つの切り口からアプローチする事が有効です。

1. MVV（ミッション、ビジョン、バリュー）の検討・見直し
2. 顧客のニーズ、競合動向の調査、その他営業データなどを収集・分析
3. 分析した結果を集積しての経営戦略立案
4. 自社資産（ヒト・モノ・カネ・情報）の認識とあるべき姿の設定

5．従業員等のエンゲージメントの獲得

次世代の経営管理手法を定義することは、大きな体力を要し、容易ではありません。しかし、デジタルの専門家には、「何をしたいのか。」を明確に伝えなければ、望む答えは返って来ないことも事実です。基準が無ければ、判断できないのです。この相反する二つのテーマに向かい合うためには、自社の検討テーマを洗い出した上で、確度を判断しそれに応じて、研究開発（R＆D）における3ステップ、①基礎研究、②応用研究、③開発研究、に分けた上で、専門家の意見を聴取するのが現実的だと考えます。

デジタルトランスフォーメーションは、ガソリン車が、電気自動車に代わるくらい大きなインパクトを企業に及ぼすテーマです。デジタルと言うドリルで穴を空け、部品を付け足す程度では足りず、全社的な再構築活動が必要なことをご理解ください。

6-2 DXと「レガシーシステム」

「レガシーシステム」の取り扱いは、非常に難しい問題です。筆者にも、これと言う「解決策」がある訳ではありません。しかし、この問題では、「デジタルは弱い」と言ってはいられません。早急に、行動を起こす必要があるのです。ご一緒に考えて行きましょう。

「レガシーシステム」問題とは何でしょうか?

一般的に、レガシーシステム(Legacy System)とは、開発してから20年以上経過した「古い」技術や仕組みで構築されているシステムを指し、1980年代に多くの企業が導入した、メインフレームやそれを小型化したオフコン(オフィスコンピュータ)などがそう呼ばれます。レガシーシステムは、長年の追加開発などにより、複雑化・ブラックボックス化したため、更なるレベルアップが難しいことに加えて、維持管理が難しい、新しい技術に対応できないなどの、さまざまな問題の要因になっています。

経済産業省の「DXレポート」でも、「2025年の崖」により「12兆円」の損失に結び付くと警告しています。

レガシーシステムは、日本だけの問題ではなく、アメリカでも指摘されています。古いシステムを使っていれば、必ず直面する問題なのです。

業務畑の皆さんに考えて戴きたいことは、「経営の将来性」です。この問題は、技術的要素が多く、ともするとＩＴ部門の問題と考えられる傾向にあります。しかし、肝心なポイントは現行システム（レガシーシステム）を使い続けると「経営に何が起きるのか？」です。結論的に申し上げると、下記の二つになります。

１．衰弱死

（１）今後、更に嵩むであろう「維持コスト」の負担。

（２）マーケットの変化に対応したシステムへの投資ができず、じわじわと、マーケットから退場。（含む、新技術の採用が困難になる等）

２．突然死

（１）気が付いたら、維持・管理ができなくなっていた。（ハードの問題、人材の問題など）

（２）突然、システムが動かなくなった。

勿論、「経営の合理性」がある限りにおいてレガシーシステムを使い続けることは否定されません。しかし、「古い技術」や「ブラックボックス化したシステム」には「将来性がない」のです。そうしたシステムを使い続けることに伴う「経営リスクと、どう向き合うか」が問われており、「デジタルは弱い」と言って、無作為に「先延ばし」することは許されません。

まず手をつける検討のポイントは、いくつか考えられます。

1. どのビジネスプロセスが、どのシステムのユーザーか、関係の確認
2. 現状「顕在化」している問題は何か。
(1) システム
(2) 業務プロセス
3. 現行システムは・・・
(1) すぐに使えなくなるリスクはどの程度か?
(2) あと何年の寿命か?
4. 更新に要する投資は概ねどの位か(あるいは、投資可能額はどの位か)
5. 新しいシステムの構築能力があるか

上記の検討結果に従って、「システム」の中・長期戦略を立案します。最大のポイントは、専門家が言うところの「アーキテクチャー」です。「構造」とか「構成」を意味しているそうですが、筆者も、この言葉をかみ砕くには時間がかかりました。業務畑の人間の理解においては、「誂えた服」にするか「既成品の服」にするかの区分程度で、まずは大丈夫です。

「誂えた服」とは、自社の都合に徹底的に合わせたという意味で、システム環境では「オンプレミス」にするとか、ソフトウェアであれば「自社の業務フローを優先する」ことになります。反対に、「既製品の服」では、システム環境は「クラウド」、ソフトウェアであればERPやSaaSなどを利用することになります。

「誂えた服」では、何でも思い通りに作れますが「高価で手間と時間がかかる」ことになります。「既製品の服」では、標準仕様に自社を合わせる必要がありますが、一般的には「廉価で、手間も省ける」と言えます。通常、レガシーシステムは古い時代に「誂えた服」で構築されていることが多く、現代において「既製品の服」に変更しようとすると、「慣れたビジネスプロセス」から「標準のビジネスプロセス」に社内を変える必要が生じるため、社内の抵抗に会うことも考えられます。

レガシーシステムとは、「長年、気慣れた、誂え服」ですが、あちこち擦り切れたり、穴が開いてしまい、「もう、着られないかな。時代遅れだし」って言う感じです。遅かれ、早かれ更新しなくてはなりません。あとは、時期と、技術と、コストです。

ここで、ちょっと目先の違うお話しをさせて戴きます。これからの、企業活動はグローバルが当たり前です。その中で、日本やアメリカなど先進国と呼ばれる国には、レガシーシステム問題が存在します。しかし、中国をはじめとする新興国には、レガシーシステムが存在しません。アリババやテンセントなどの、中国ネット企業は、「更地に、最新のビルを建てる」ように、デジタルビジネスを展開しました。読者の皆さんの所属する企業でも、グローバル経営は身近だと思います。そんな中、中国は、レガシーシステムと言う負の資産もなく、最新デジタル技術を引っ提げてグローバルなマーケットに進出してきます。その他、マーケットの破壊者として、デジタルディスラプターが取り沙汰されています。代表的なデジタルディスラプターとしては、タクシーの利用形態を変革したUberや、民泊という概念を広めたAirbnb、音楽ストリーミングサービスで音楽の聴き方を変えたSpotifyなどが挙げられるでしょう。そうしたデジタル先進企業とこれから戦って行かなくてはなりません。レガシーシステムの取り扱いには「社運」がかかっているのです。

皆さんには「意外」かも知れませんが、アマゾンもレガシーシステムの更新に社運を賭けたことがあるので、覗いてみましょう。

ＡＷＳ誕生前のAmazonの苦闘

２０００年代の初めアメリカでインターネットバブルがはじけて多くのスタートアップ企業が倒産した時代、Amazonも２０００年から２００３年にかけて倒産の瀬戸際まで追い詰められていました。そんな中で、Amazonは、高価なＳｕｎサーバを廉価なＨＰ/Linuxへ置き換えると言う大きな賭けに出ます。インフラコストを80%低減できるか、それともシステムが瓦解して倒産かという大きなリスクを取ったのですが、Amazonはこの賭けに勝ちシステムを刷新するとともにＡＷＳのサービス提供が可能になったのでした。いつの時代も勝者はリスクを克服した者なのでしょうか?

出典：Publickeyのサイト「AWSが生まれたのは、Amazonが経費削減のためにSunのサーバからHP/Linuxサーバへ切り替えたことがきっかけ。当時の社員が振り返る」から

https://www.publickey1.jp/blog/21/awsamazonsunhplinux.html

アマゾンも、２０００年頃「高価なSunサーバ」と言う、レガシーシステムを抱えていました。

しかし、社運を賭けた「オープンソース化」と言う技術革新を達成して、ＡＷＳの成功を獲得しました。レガシーシステムの更新は大きな「賭け」かも知れませんが、どこの企業でも多かれ少なかれ経験しています。皆さんも、「たじろいでは」いけません。

皆さんの、次期システムは、原則としてアマゾンが達成した「オープンソース」による再構築が欠かせません。それは、圧倒的な「コストパフォーマンス」です。アマゾンですら、その技術開発とは社運を賭けるほどの高度なチャレンジでした。しかし、アマゾンのオープン化から20年、システム技術も進んでいます。次期システムでは、低い開発・運用コストと設備投資を目指してください。

システム技術については、各社のＩＴ部門をはじめとして「専門家」の意見と経営課題をすり合わせながら進めて戴きたいのですが、業務畑として追求・達成しなければならないテーマがあります。それは「業務革新」で、ＤＸにおいても求められています。20年も30年も以前に構築されたレガシーシステムで業務を行っているということは、ビジネスプロセスも同様に古く、陳腐化しています。古いシステムを使っている間でも「業務改善（Business Improvement)」は、ＴＱＣ活動などを通じて継続的に行われて来たと思いますが、ＤＸ下で求められるのは過去の延長線ではなく、新しい「業務革新」です。古いシステムの下で運営されて来た、「古い、業務プロセス」からは一皮も、二皮も剥けた「合理化された新業務プロセス」が必要です。狙いは、「圧倒的な顧客利益の追求と、コストの削減」です。難しいことを言っているように聞こえるかも知れませんが、世界と戦うには必要なのです。

「圧倒的な顧客利益の追求と、コストの削減」のために、何をしたら良いのでしょうか?

業務改善・事業改革のコンサルタントである、土方雅之氏は「探したら、負け」と仰っています。「探したら」とは、「モノを探す時間とはムダの最たるもの」と言うことです。日本の製造現場は5S活動をはじめ、現場のムダを排除する地道な活動を展開し、世界に誇る製造現場を作り上げました。しかし、「ビジネスプロセス」や「システム機能」については惨憺たる状況です。

具体的には、「何か」と言うと・・・。皆さん、「システム機能要件」についての技術書をお読みになったことはあるでしょうか? 業務部門（ユーザー）の要求を開発部門に提示する「書類」の書き方についてのものなのですが、「すべて」（少なくとも筆者が読んだ範囲では）で、As-Is（現状）ビジネスプロセスの調査から始まります。これは、現在の業務プロセスを「探して」いるのです。デジタル先進企業では、ヒトによる業務プロセスから、コンピュータ内に保存された（コード化された）プロセスまですべてがドキュメントとして保存され、「現在（As-Is）」の姿が常にアップデートされており、「探す」ことがないのです。

レガシーシステムの現在の「問題」に、「ブラックボックス化」があります。要するに、ビジネスプロセスにおいても、システム内に保存されているソースコードでも、長年の間に「その場しのぎの、記録なき改修が繰り返され、現在、中身が分からない状態」なのです。そこで、これからのシステム開発は、ＥＲＰやSaaSと言うことになります。なぜかと言うと、ベンダーがシステム管理をしているので、ユーザーとしては少なくとも、コンピュータ内部のソースコードの管理からは解放されます。また、ビジネスプロセスにおいてもベンダーの「標準プロセス」に従うことで、ユーザーの管理負担は減少することになります。加えて、法律などの改正に伴う「機能のアップデート」もベンダーが監視してくれています。

ここで、業務畑の皆さんに乗り越えて戴かないといけない「課題」が生じます。「誂えた服」と「既製品の服」の例えを出しましたが、今後は、既製品であるＥＲＰやSaaSの標準プロセスを採用しなければなりません。誂え服であった、「既存のビジネスプロセス」を（極端に言うと）「捨てて」、既製品の服である、「標準プロセス＝標準体型」にフィットさせることが求められます。人間は、元来、変化を嫌います。標準プロセスの採用には現場の抵抗も考えられるのです。

そして、忘れてはいけないことがあります。それは「データ管理」です。勿論、レガシーシステムに保存されているデータは、重要な資産です。既にお話ししたように、これからは「データに基づいた経営」をしなければなりません。レガシーシステムとこれから導入するシステムのデータが「シームレス」に繋がり、各システムが保有するデータベースが一元管理されなければいけません。それを「マスタデータ整備」と呼びます。ちょっと古い情報ですが、Itmedia エンタープライズの２００８年09月25日付け記事「マスタデータ整備が、ＥＲＰ活用の大前提」(https://www.ITmedia.co.jp/im/articles/0809/25/news157.html) が大変、参考になります。

何れにしろ、レガシーシステムの更新は重大事業です。聞くところによると、ChatGPTで古いソースコードの分析もできるとのことでした。社内外の英知を結集して、一丸となって乗り越えて戴きたいと思います。

古河電工の30年前に作られた人事給与システムをパッケージ・ソフトにより更新し、30社の業務を1ヵ所のＳＳＣ（シェアードサービスセンター）に集約させたプロジェクトにおける凄まじいまでの後日談を伝えてくれる良書があります。正に、既製服に身を合わせた赤裸々な体験談ですので、参考にしてください。

「反常識の業務改革ドキュメント」関尚弘（著）、白川克（著）日経ＢＰ出版

6－3　DXと「ROIの壁」

最後に、デジタルトランスフォーメーションと「ROIの壁」をご一緒に考えてみたいと思います。

デジタルトランスフォーメーションに際して、特に経営者の立場にある方々は、IT部門に対して「それをやったらいくら儲かるのか？」と尋ねたくなるでしょう。しかし、この問いかけにIT部門のメンバーはなかなか答えることが難しいと思います。なぜならば、この問いは「IT技術に基づいた」回答ができる課題ではないからです。

ROIは、次の計算式によって求められます。

ROI（%）＝利益 ÷ 投資額 × 100

この内、投資額は比較的詳細に求めることができます。しかし、回収期間については議論があるところです。問題は、「利益」の算定です。この点について掘り下げる前に、IT投資に関する経営判断について、考えてみましょう。

元ＪＴＢ情報システム　代表取締役社長：佐藤正史氏の日経クロステック（2006.09.26）への投稿（https://xtech.nikkei.com/it/article/COLUMN/20070420/269074/　の抜粋）をご紹介します。

（因みに、佐藤氏は、筆者と同世代です。）

「経営者がＩＴを理解できない本当の理由」

極めて重要な経営ツールであるＩＴや情報システムについて、経営トップの理解を妨げている真因は何でしょうか。結論を先に書きますと、それはＩＴ投資の費用対効果の不確実性です。

＝＝＝

全般的に言って、ＩＴ投資に対して経営トップはどういう理解をしているかと言うと、彼らは設備投資と受け止めています。したがって、この観点から言えば、経営者がＩＴを理解できないということは本来ありえません。製造業における工場への投資、小売業における店舗への投資、こういった本業の投資とＩＴ投資は、設備投資としてみれば一緒なのです。

＝＝＝

第一に、「費用対効果以前のリスク」があること。あれだけ大きな投資をするのだけれども、当初言っていた投資額で、まともに動く情報システムが完成したためしがない、という話です。

＝＝＝

第二の問題が出て参ります。それは、「コンピュータ投資の費用対効果そのものへの疑問です。「長年、ＩＴには相当投資したはずだが、一体どのようなメリットがあったのか」と経営者達は首をかしげています。以上の二点が、経営にとってＩＴが解らないと言われている本当の要因だと私は理解しています。

＝＝＝

ＩＴを利用する効果は極めて広い範囲にあるという事実を認めたにしても、この10年間のユーザー企業のＩＴ投資が、日本企業全体としては、ユーザー企業の収益を高める結果に至らなかったことを事実として認めざるをえません。そして、このことがユーザー企業の経営トップにとって「システムは解らない」と言わしめる一因となっています。

以下の2点の指摘があります。

1．システム開発では開発コストが膨らむリスクが大きい。

2．コンピュータ投資の費用対効果が分からない。

「1」については、今回は議論しません。「2」について、お話しさせて戴きます。

佐藤氏は、「彼らは設備投資と受け止めています。したがって、この観点から言えば、経営者がITを理解できないということは本来ありえません」と仰っていますが、例えば、工場という投資を考えてみます。工場では「製造部」が生産活動を行い、その成果（Return）については、製造部が経営に対して、細かく「報告」をしています。その中には、「生産管理システム」の償却もコストとして入っているでしょう。また、この「生産管理システム」は、他の製造装置と一緒になって償却されていて、IT投資として「分離した上で」報告されてはいないでしょう。ところが、「IT投資の費用対効果」と言うと、IT部門（ここでは、CIO）が算定、報告しなければいけないと言う「先入観」があると筆者は感じます。では、IT部門はIT投資から得ている成果について「認識」できる立場にいるのでしょうか。工場の例をとっても、「生産管理システム」は、工場の一部として稼働しており、IT部門は平素、その成果を生み出すプロセスにはおらず、ITサービスの「プロバイダー」であって、「ユーザー」ではないのです。

「生産管理システム」について、もう少し掘り下げてみましょう。

生産管理システムのメリットは以下のようなポイントが上げられます。

1. 納期遅れを防止し、納期を短縮できる
2. 生産負荷を平準化できる

3. 不良率を改善できる
4. 生産の余剰や不足を防げる
5. 生産計画の精度を向上できる
6. 生産現場を改善できる
7. 利益率を改善できる

これらのポイント、一つ一つに対して「投資のリターン＝利益＝経済的価値」を「算出」することは「可能」でしょうか？

話しを単純にして、例えば、新規ネット・ビジネスを立ち上げたとして、ここにおけるＩＴ投資は全額「純新規ビジネス」への投資と言えます。しかし、新規ネット・ビジネスの収益（例えば純利益を算定できたとして）全額が「ＩＴ投資効果」でしょうか？

ＩＴ投資から得られるものは「データの測定と演算結果のデータ出力」でしかありません。この「出力結果」を「人間」が「判断し・行動する」ことで、成果に結び付いているのです。このことは、ＩＴ投資に限られたことではなく、投資一般に言えることです。違う点としては、ＩＴ投資以外は、一般的に管理主体明示されていて、伝統的な経営活動の中で、広く分析・報告されて来たことに対して、ＩＴ投資は分析・報告が経営の中に根付いていないことです。従って、「経営者がＩＴを理解できない本当の理由」とは、「不慣れ」が原因だと思います。

経営の立場におられる皆さんは、それぞれの出身分野を持っていて、そこで多くの分析を行い、判断し・行動して来られたと思います。例えば、営業部門の営業成績や工場の生産性なのですが、経営会議などの場においても、いろいろ議論がなされて来たでしょう。しかし、残念ながら「日本の企業文化」の中では「ＩＴの活用」について分析・判断・行動してきた人が極めて少なく、経営会議の場などでも議論が積み重ねられて来ていません。

その大きな原因の一つが「ＩＴ投資の説明責任はＩＴ部門にある」という「誤った認識」であり、他方で、ＩＴのユーザー部門が、「ＩＴから受けている恩恵について分析して来なかった」と言う事実です。ＩＴ投資のROIの算定について、「これさえ押さえれば大丈夫」と言う手法は存在しておらず、「自社の判断基準」（部門ごとの、システムごとの基準）が必要です。

上記の「ＩＴ投資ツリー」のように、ＩＴ投資の評価分野は多岐に亘ります。特に、財務効果は「直接的効果」と「間接的効果」から構成され、直接的効果が正に「いくら儲かるか」に相当するのですが、効果測定においては一部にすぎません。その他の効果も、「定量的効果」と「定性的効果」

IT投資ツリー

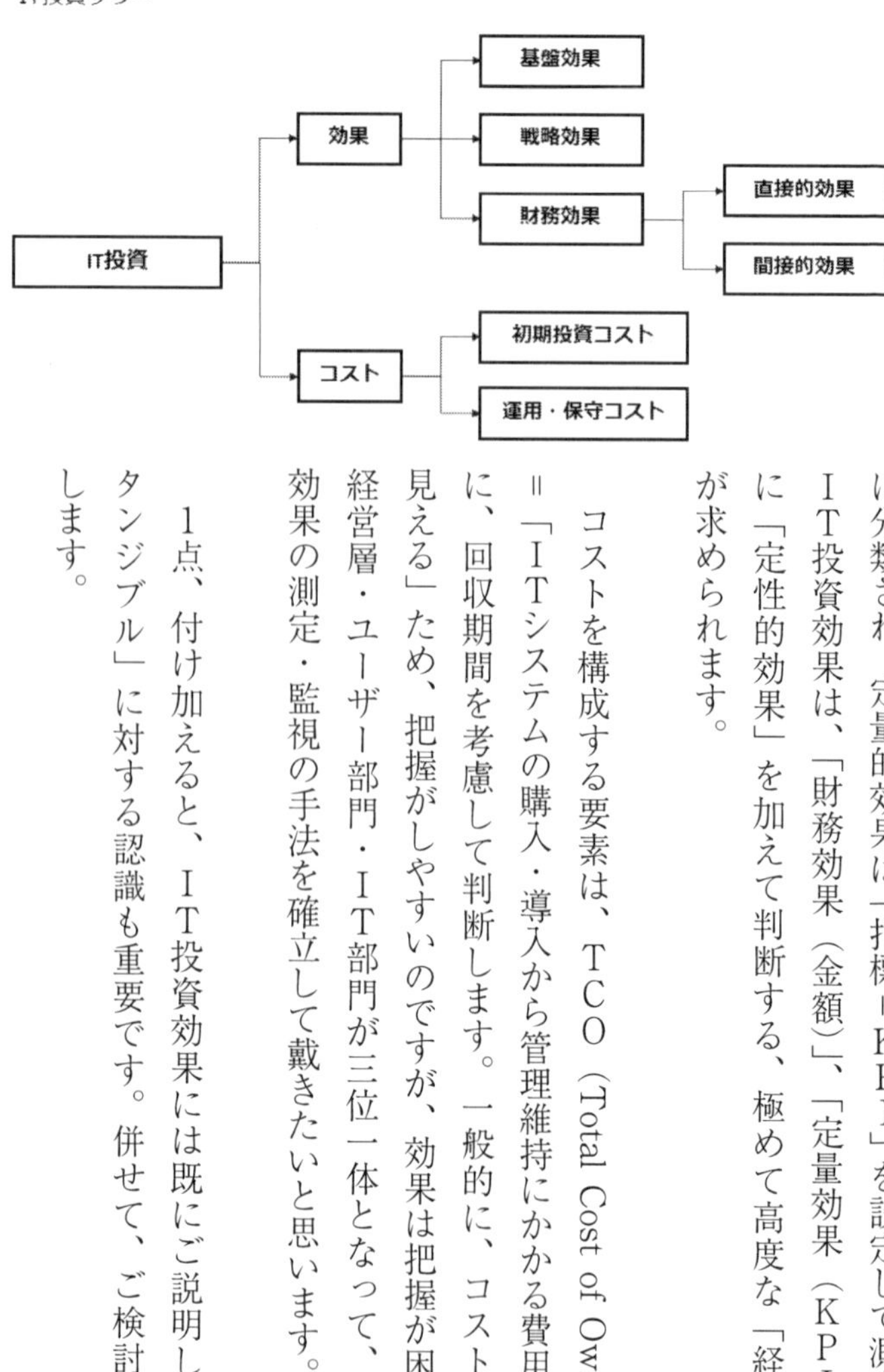

に分類され、定量的効果は「指標＝ＫＰＩ」を設定して測定します。
ＩＴ投資効果は、「財務効果（金額）」、「定量効果（ＫＰＩ測定）」に「定性的効果」を加えて判断する、極めて高度な「経営判断」が求められます。

コストを構成する要素は、ＴＣＯ（Total Cost of Ownership）＝「ＩＴシステムの購入・導入から管理維持にかかる費用の総額」に、回収期間を考慮して判断します。一般的に、コストは「目に見える」ため、把握がしやすいのですが、効果は把握が困難です。経営層・ユーザー部門・ＩＴ部門が三位一体となって、ＩＴ投資効果の測定・監視の手法を確立して戴きたいと思います。

１点、付け加えると、ＩＴ投資効果には既にご説明した「インタンジブル」に対する認識も重要です。併せて、ご検討をお願いします。

以下に、一般財団法人日本情報経済社会推進協会（英文名称：JIPDEC）が、２００７年に発表した「ＩＴ投資マネジメントガイドライン」（https://www.jipdec.or.jp/library/publications/ＩT investment_managementguideline.html）に示されたＩＴ投資分析の概要を紹介します。（筆者が知る限りでは、このガイドラインが最も参考にできるものと考えます。詳しくは、上記サイトから本文をダウンロードしてください。）

因みに、ＩＴ投資が売り上げに対してどの位の比率になっているかと言うと、日本１％台、欧州２％台、アメリカ３％台だそうです。（勿論、業界などにより大きな振れがあります）

この数字から、筆者が考えるポイントは、海外ではＩＴ 投資の果実の刈り取りに自信を持っているのではないか・・・と言う点です。つまり、ＩＴ投資をどうマネージして、どうすれば果実が刈り取れるかについて、「哲学」と「メソッド」ができ上がっているので、思い切ったＩＴ投資に踏み切れているのだと思います。本書を読んでくださった皆さんも、近い将来に「自信を持ってデジタルと取り組める企業」になって戴くことを期待しております。

	型の分類	評価手法	評価内容
戦略実現を直接目的とするもの			
1	プロセス改善型	合意形成 定量+定性 (BSC)	< 業務評価:業務KPI> 「業務管理プロセス」のKPI リスクマネジメントのKPI <CS評価:顧客への価値提案のKPI> 競争力のある価格、トータルコストの低減、迅速でタイムリーな購買、すばらしい品揃えのKPI < 財務評価:ROIの例> 貢献する財務の視点の指標
2	顧客価値増大型	合意形成 定量+定性 (BSC)	< 業務評価:業務KPI> 「顧客管理プロセス」のKPI <CS評価:顧客への価値提案のKPI> 顧客満足度の向上、顧客ロイヤルティの向上、熱狂的なファンを作るためのKPI < 財務評価:ROI> 貢献する財務の視点の指標
3	製品間発力強化型	合意形成 定量+定性 (BSC)	< 業務評価:業務KPI> 「製品開発プロセス」のKPI <CS評価:顧客への価値提案のKPI> 機能向上した製品およびサービスの顧客への提供、新製品および新サービスの市場一番乗り、新セグメントへの製品およびサービスの拡大のKPI < 財務評価:ROI> 貢献する財務の視点の指標
4	ビジネス創出型	定量(ROI)	ビジネスの事業性そのものを評価 新規ビジネスの収益性とコスト構造、リスクを評価
間接的に戦略実現につながるもの			
5	組織力強化型	合意形成 定量+定性 (BSC)	<必要性評価> BSCの学習と成長の視点への関与度と達成度で評価 <妥当性評価> 採用する手段の妥当性(コスト、対応範囲)
6	ITインフラ強化型	合意形成 SLA	<必要性評価> この投資がないために実現できなくなるアプリケーション <妥当性評価> 採用する手段の妥当性(コスト、対応範囲)

	型の分類	評価手法	評価内容
個別対応するもの			
7	効率向上型		＜採算評価＞ ROI 計算 ＜戦略整合性評価＞ 戦略との整合性
8	情報提供型 （対顧客）		＜必要性評価＞ CS 関連指標の達成度 ＜戦略整合性評価＞ 戦略との整合性
9	情報共有型	定量＋定性 （BSC）	＜必要性評価＞ これがないことによる損失 ＜有効性評価＞ 採用するツールの有効性（適用事例、運用体制など）
10	リスク対応型	定量的 DCF、リアルオプション	
11	必須対応型	コスト評価のみ	＜コスト評価＞ 最も安く実現できる手段を選択しているか ＜妥当性評価＞ 他への影響度合い

おわりに

本書を手に取ってくださった皆様、本当に有り難うございます。お読み戴いたご感想は如何でしょうか？　素人が書いたので、甚だお粗末な文章で、お恥ずかしい限りです。今一度、御礼申し上げます。

日本でのデジタルトランスフォーメーション（ＤＸ）ブームが起きてから、筆者が感じて来た「違和感」つまり、ＤＸとは本当に「デジタル世界」の問題なのか・・・について、約３年かかって漸く答えが１つ見つかったと言う思いの中にいます。

デジタルトランスフォーメーション（Digital Transformation）が、直訳されて「デジタル変革」と言う概念ができ上がっていますが、筆者は「経営変革をする必要がある。それにはデジタルが必須だ。」と意訳します。筆者のように「業務畑」を歩いてきた人間にとっては、デジタルやＩＴの技術者的な経験は殆どありませんので、「デジタル変革」と言われてもまったくピンと来ないのです。

方や、ＩＴ業界ではシステム開発の失敗を削減するために、「業務」に踏み込もうとする動きが、あちらこちらで見られます。請負契約によるシステム開発、所謂、「丸投げ開発」により、ＩＴ業界は結構痛手を被って来た経緯もあり、「ユーザー要求」をどうしたら「固める」ことができるかについて、模索が繰り返されています。

筆者は、この「ユーザー要求」を固めて、開発を依頼すると言う仕事を、大小取り交ぜて経験しました。経験から導かれた答えの一つが、「要求はユーザー（業務畑）」が固めなければ上手く行かない・・・と言うものでした。この観点から、ＤＸを見つめると、主役はデジタル経験の無い「経営者」であり「業務畑」であると確信が持てたので、浅学菲才を恐れず出版に挑戦した次第です。

現代は、「第４次産業革命」の時代であり、デジタルを避けては通れません。また、日本は未曽有の人口減少時代に入っており、その意味でも「人力」を代替するデジタル技術の導入と、デジタル技術を使いこなす「知恵」が求められています。ＤＸが広まる中で、「ＣＩＯ」や「ＤＸ人材」の重要性が言われて来ましたが、筆者としては、Apple社のＣＥＯであるティム・クック氏がそうであった、「ＣＯＯ（Chief Operations Officer）：最高業務責任者」がＣＩＯ以上に求められていると感じます。（ＣＩＯは、その下に入ることになります。）日本でも、一定規模以上の企業にあっては、業績責任と業務管理責任の分離が必要な時代を迎えているのではないでしょうか。

コンサルタント業界でも、ＤＸに対する見方に変化が出て来ているようです。日経クロステック／日経コンピュータ（2023.03.30）島田優子氏による『「ＤＸコンサル」はもう古い、新型サービスの提供にかじ切る大手』を、ご参照ください。

(https://xtech.nikkei.com/atcl/nxt/column/18/02412/032800002/)

ＤＸの推進に際して、本書が少しでも読者の皆様のお役に立てたならば、これに勝る喜びはありません。

皆様の、益々のご発展を祈念いたします。

白木幹二（しらき・もとつぐ）

1950年生まれ。

1973年現在のみずほ銀行（旧富士銀行）に入行。外為業務、海外支店における融資業務などを経験後、1987年より富士銀行の第３次オンラインシステム開発プロジェクトに参加。外為勘定システム、国際情報システム、自己資本比率算出システムなどの業務設計と開発を行う。

その後、資産運用子会社の、顧客資産管理システムのリプレイスに関する業務設計、システム開発なども行う。50才頃から、独学でプログラミングを学習し、自宅でLINAXのサバ―運用などを経験した。

長年、業務畑出身者の目から、業務部門とシステム部門の連携と役割分担について研究している。


デジタルを一旦忘れると見えてくる新しいDX

2023年11月27日　第1刷発行

著　者——白木幹二
発　行——日本橋出版
〒103-0023　東京都中央区日本橋本町2-3-15
https://nihonbashi-pub.co.jp/
電話／03-6273-2638
発　売——星雲社（共同出版社・流通責任出版社）
〒112-0005　東京都文京区水道1-3-30
電話／03-3868-3275

ISBN 978-4-434-32991-3